JN280911

初めての教育論文

現場教師が研究論文を書くための**65**のポイント

野田敏孝 著

北大路書房

はじめに

◎「初めて教育論文を書くけど，どこから手をつけていいかわからない」
◎「教育論文を書いたことはあるけど，何をどのように書いたらいいのか，今ひとつ，よくわからない」

この本は，このように考えている学校現場の先生方のための本です。

本書の詳しい内容については目次を参照いただきたいのですが，本書は，次の8つの章から成り立っています。

　　第1章　論文を書き始める前に
　　第2章　研究主題の選び方
　　第3章　「主題の意味」の書き方
　　第4章　「主題設定の理由」の書き方
　　第5章　「研究の目標」および「研究仮説」の書き方
　　第6章　「研究の構想」の書き方
　　第7章　「指導の実際と考察」の書き方
　　第8章　「全体考察」「研究のまとめ」の書き方

上記の8つの章を通して，教育論文を書いていく上でのポイントを，全部で65個の項目から示してみました。また，できるだけ，読者の皆さんに読みやすく，かつわかりやすい本にするために，次のような工夫をしました。

○1項目2ページの見開き，または1項目1ページで構成しました。
○図や表を多く用いて，説明するようにしました。
○できるだけ，事例（実際の論文）や文型のサンプルを載せて，書き方を具体的に示すようにしました（ある意味 "論文執筆のマニュアル集" になるようにこだわってみました）。

小説のように，最初から読まないと話がわからない本ではありません。

どこからでも読めます。本書を手に取っていただいた皆さんが，読みたいところ，知りたいところのページをめくってみて下さい。

野田　敏孝

目　次

はじめに

第1章　論文を書き始める前に ………………………………………………… 1
1. よい教育論文に必要なものは？〜よい実践が必要条件〜　2
2. 実態調査をしよう〜まず，子どもの実態把握から〜　4
3. 実態調査項目の作り方〜項目の観点を意識して・網を広めに〜　6
4. 評定尺度の作成方法〜段階（ポイント数）はなるべく多く〜　8
5. 実態の分析方法〜多面的に実態をとらえるために〜　10
6. 授業記録（データ）の取り方〜1人で収集するために〜　12
7. 教育論文へのアプローチ法〜理論先行型と実践意味づけ型〜　14

第2章　研究主題の選び方 ………………………………………………… 17
8. 研究主題に必要な3条件〜目的・内容・方法〜　18
9. 主題（主テーマ）の決め方1〜よくばりすぎない〜　20
10. 主題（主テーマ）の決め方2〜動詞と修飾語に注意〜　21
11. 主題（主テーマ）の決め方3〜教科の特質が表れるように〜　22
12. 副主題（サブ・テーマ）の決め方〜主題との関連を考えて〜　23

第3章　「主題の意味」の書き方 ………………………………………… 25
13. 「主題の意味」は何のために書くのか〜研究の評価規準づくり〜　26
14. 主題の意味→目指す姿の割り出し方〜横に割る・縦に割る〜　28
15. 目指す姿の割り出し方（細分化）の具体例　30
16. 目指す姿の割り出しにおける実態調査結果の活用　32
17. わかりやすく表現する工夫1〜キーワード化する〜　33
18. わかりやすく表現する工夫2〜図式化する〜　34
19. 「主題の意味」を記述する際の留意点〜推敲例に基づいて〜　36
20. 説得力のある文にするために〜文献の効果的引用〜　38
21. 副主題（サブ・テーマ）の書き方〜3つの要素を入れて〜　40

第4章　「主題設定の理由」の書き方 …………………………………… 43
22. 主題設定の理由の基本的な項立て〜2，3項目を選択する〜　44
23. ［A］児童の実態に着目した設定理由の書き方1　45
24. ［A］児童の実態に着目した設定理由の書き方2　46
25. ［B］過去の研究に着目した設定理由の書き方　48
26. ［C］教科等の目標や方向性に着目した設定理由の書き方　50
27. ［D］教育全体の大きな流れに着目した設定理由の書き方　52
28. ［E］その他，環境等に着目した設定理由の書き方　53

第5章　「研究の目標」および「研究仮説」の書き方 ………………… 55
29. 研究目標の書き方〜目的，内容，方法を盛り込んで〜　56
30. 研究仮説の書き方〜一般的な仮説モデルにあてはめながら〜　57

31. 仮説を書く際の留意点1〜主題との関連を意識して具体的に〜　58
32. 仮説を書く際の留意点2〜推敲例に基づいて〜　60

第6章 「研究の構想」の書き方 …………………………………………………… 63
33. 研究構想の書き方1〜仮説に手だての箇条書きがある場合〜　64
34. 研究構想の書き方2〜仮説に手だての箇条書きがない場合〜　66
35. 研究構想の書き方3〜柱(項)立てのさまざまなバリエーション〜　68
36. 研究構想における「教材」に関する内容の具体化例　70
37. 研究構想における「学習指導過程」に関する内容の具体化例　72
38. 研究構想における「手だて(支援)」に関する内容の具体化例　74
39. 実践意味づけ型における留意点〜何かを類型化するときに〜　76
40. 研究構想図の書き方〜基本型を参考にして〜　78
41. 検証計画の書き方〜検証の視点と方法を明確に〜　80

第7章 「指導の実際と考察」の書き方 …………………………………………… 83
42. 単元目標の書き方〜研究主題や研究構想と関連をもたせて〜　84
43. 単元指導構想の書き方〜研究構想を実践レベルに具体化する〜　86
44. 単元の中から，論文に記述する部分の取り出し方　89
45. 学習指導の様子(指導の実際)の記述の仕方　90
46. 学習指導の様子(指導の実際)の記述例1　91
47. 学習指導の様子(指導の実際)の記述例2　92
48. 学習指導の様子(指導の実際)の記述例3　94
49. 考察の書き方の基本的パターン1〜判断と根拠を述べる〜　95
50. 考察の書き方の基本的パターン2〜根拠を具体的に〜　96
51. 考察の入れ方のパターン〜「まとめて型」と「その都度型」〜　98
52. 考察の書き方の記述例1〜「まとめて型」の場合〜　99
53. 考察の書き方の記述例2〜「その都度型」の場合〜　100
54. 抽出児と全体の反応を組み合わせる〜互いの短所を補い合う〜　101
55. 「授業分析の細目」を書く際のポイント　102

第8章 「全体考察」「研究のまとめ」の書き方 ………………………………… 105
56. 全体考察で何を書くか〜実証単元における考察との比較〜　106
57. 全体考察における効果的な表現例1　107
58. 全体考察における効果的な表現例2　108
59. 手だての有効性が実証できなかったら?〜仮説や構想の修正〜　109
60. 説得力のある全体考察〜考察の類型化をもとに〜　110
61. 統計的検定を用いた考察〜実証性をより高めるために〜　111
62. t 検定では，どんなことができるか〜2つの平均点の差の検定〜　112
63. 「研究の成果」をまとめるポイント〜目的と手だてを意識して〜　114
64. 「今後の課題」をまとめるポイント〜問題点型と発展型〜　116
65. 論文の要旨をまとめるポイント〜構想までを簡潔に〜　118

目　次

```
コラム1　問題意識をもつことの大切さ　　16
コラム2　研究テーマ設定における問題点　　24
コラム3　研究の目新しさを，どこで出すか　　42
コラム4　リフォーム番組に見る，教育論文との共通性　　54
コラム5　他の先生の論文を読んで，論文の書き方を学ぶ　　62
コラム6　日常生活に見られる判断基準　　82
コラム7　結果として出た数値（数）のとらえ方　　104
コラム8　科学論文と実践論文　　119
```

引用文献　120
索引　121
おわりに

第1章

論文を書き始める前に

　論文を書きはじめるとき，いきなり研究主題を決めようとしたり，主題の意味を考えたりしていませんか？
　この章では，論文を書き始める前に
　　・知っておくとよいこと
　　・やっておくとよいこと
についてまとめていきます。

1．よい教育論文に必要なものは？
〜よい実践が必要条件〜

（1） よい教育論文を書くために必要なもの

「よい論文を書きたい！」とは，論文を書く人みんながもつ共通の願いだと思います。では，いったい，よい教育論文を書くためには，何が必要なのでしょうか。この本を読まれているみなさん，どのようにお考えですか。

いろいろな教師に尋ねると，例えば次のような声が返ってきました。

- 「やっぱり，本を読んで理論的なことをしっかり勉強しておくことではないでしょうか…」
- 「作文が上手にならないとダメだと思う。上手な書き方を知ることが必要なのでは…」

このように「理論が必要」「書き方を知ることが必要」と考えている教師が多いのではないかと思います。本を読むことは，もちろんとても大切です。

しかし，筆者は，よい教育論文を書くためには，もっと大切なものがあると考えています。（この本は，「書き方」についての本ですが）

（2） よい教育論文とは？

「よい教育論文を書くために，何が必要か」を考える際には，「よい教育論文とはどんな論文か」をはっきりさせておくことが大切です。

「よい教育論文とは？」について筆者は，次のように考えています。

主張したいことが明確で，筋道立てて述べられている論文

教育論文で「主張したいこと」は，実践を通して変容した，具体的な子どもの姿を通して述べなければなりません。つまり，「実践を通して変容した，具体的な子どもの姿」が必ず必要です。

そして，「実践を通して変容した，具体的な子どもの姿」というゴールに向かって，論文全体が，筋道立てて述べられていることも必要です。

（3） 改めて，よい教育論文に必要なもの

このように考えると，よい教育論文を書くためにまず必要なものは，「実践

を通して変容した，具体的な子どもの姿」ではないでしょうか。言い換えると，よい実践，つまり「向上的変容の見える実践」ということができます。

筆者は，この「向上的変容が見える実践」が，よい教育論文を書くために一番必要なもの，大前提だと考えています。

ただし，「子どもが何となくそうなった」のではなく，「……したから，こう変容した」という[手だて→変容の結果]の関係がはっきりしていることと変容の結果を記録として残しておくことが大切です。

では，「向上的変容が見える実践」が記録として残ってさえいれば，よい教育論文を書くことができるのでしょうか。答えは「ノー」です。「向上的変容が見える実践」があり，主張したいことは明確でも，それを筋道立てて（論理性・一貫性）述べなければ，よい教育論文になりません。

そこで，大切になるのが，本書で取り上げる「論文の書き方」なのです（図1-1参照）。よって，論文自体の評価が高ければ，実践の価値も高いことは言えますが，論文の評価が低いから，実践の価値が低いとは言えないのです。

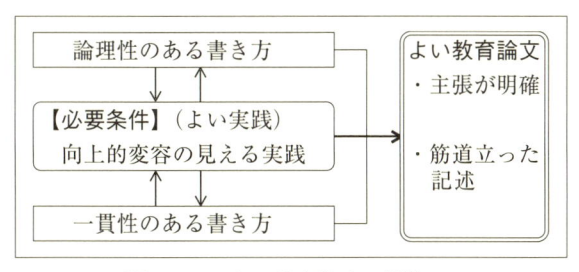

図1-1　よい教育論文の構造

例えば，実践はすばらしくても，論文として表現したときに，主張点が不明確であったり，論理性・一貫性がなければ，よい論文とは言えません。

論文の評価と実践そのものの評価は，別ものなのです。

なお，筋道立てて述べられている論文とは，論理性・一貫性のある論文だと考えます。論理性・一貫性のある論文とは，次のような論文であると，筆者は考えています。

【論理性】「……だからこうする」「……だからこうなった」という意味（つながり）が明確で，途中途中でぶつ切りになっていない論文。

【一貫性】キーワードが「変わらない」「増えない」「消えない」論文。

2．実態調査をしよう～まず，子どもの実態把握から～

(1) 実態調査って大変そう……

　実態調査というと大変なことのように思われるかもしれませんが，そんなに大げさなものではありません。自分の研究教科・領域等の中で実施する，限定的なものです。

　私たち教師は，授業実践を行う中で，「ちょっと気になるな」「もっと，この点を伸ばしたいな」「このことを何とかしたいな」と漠然と感じていることがあると思います。（もちろん，明確にもっている場合もあると思います）

　この思い（感じたこと）が，教師の問題意識であり研究の出発点になります。そこで，この漠然とした問題意識を，明確なものにする必要があります。それが実態調査です。質問紙法や観察法などを通して実態調査を行い，結果を数値化することによって，学級の子どもたちの良い点，不十分な点が明らかになります。もちろん，決して，数字だけで実態のすべてを表すことができるとは考えていません。しかし，1つの指標になることは確かです。

(2) 実態調査を行う意義

　実態調査を行うことがとても大切だと考える理由は，大きく2つあります。
①実態調査を行うことにより，学級の子どもたちの良い点，不十分な点が明らかになり，その実態に基づいて目指す子ども像が明確になります。

　したがって，主題設定の理由から目指す子ども像までの筋道が通った研究になります。言い換えると，目指す子ども像（主題）を設定するに至った，"必然性""切実感"が明確になります。

　（「自分の学級は，こうだから，こんな研究に取り組んだのですよ。こんな子どもを目指したのですよ」ということを強く主張できます。この"必然性""切実感"は，論文を記述する上で重要な点です。）
②同じ実態調査項目で，「事前→事中→事後」と調査を繰り返すことにより，子どもの変容の姿が明確になります。つまり，「子どもが高まったことは，こんな根拠から言えるのですよ」ということを主張する際のデータとして使えるのです。

ただし，事後のみに調査をしても比較の対象がありません。事前に把握しておくことが必要です。

（3） 研究の流れにおける実態調査の位置づけ

　実態調査をするといっても本項目冒頭で述べたように，そう堅苦しく考える必要はありません。実態調査の位置づけを感覚的にとらえやすいように，日常的な言葉で表1－1にまとめてみました。

表1－1　研究の流れにおける実態調査の位置づけ

①問題意識	「どうも，社会の時間，子どもたちが意欲的でないなあ」
②**実態調査**の実施	「子どもが社会の時間について，どう思っているか調べよう」 「子どもの社会科学習に対する意欲の様子を調べてみよう」 ※ある程度，目指す子ども像を想定した上で，項目を設定する必要があります。（この例では，どのような場面でどのように意欲の実態をつかむかを考えます） 　また，後々のことを考えて，さまざまな観点から調査をしておくとよいです。（次の項で詳述します）
③結果の分析 ↓ 主題の設定	「やっぱり意欲的でないな→何とか，意欲的に社会の学習に取り組ませたいな（主題設定の理由［児童の実態から］）」 「私が目指す『意欲的な』子どもとは，□□な子どもだ」 「目指す子ども像を○○，△△，◇◇な子どもでとらえよう」
④研究構想の作成	「『どうすれば，意欲的に学習できるようになるか』を考えながら構想を立てよう」
⑤実践 （Ⅰ→Ⅱ）	「研究構想を，単元レベルで具体化して実践してみよう」 「実践Ⅰでは，～な点が不十分だったので，Ⅱでは～しよう」
⑥実践後の**実態調査**	「再調査（②と同じ実態調査）をしたら，○○の面で意欲的な子どもが育ってきた（伸びてきた）ことがわかるな」
⑦考察	「子どもが意欲的に活動するためには，……ことが有効ではないかな」

注）「　」内の内容は例です。

3．実態調査項目の作り方
　　～項目の観点を意識して・網を広めに～

（1）　実態調査項目の作成手順
　実態調査でよく用いられる質問紙法における作成手順例について述べます。
①研究教科・領域等を決める
②実態を思い浮かべ，教師の願いを取り出す（メモする）
　まず，2項でも述べたように，その研究教科・領域等の授業における子どもの様子で，「ちょっと気になるな」「このことを何とかしたいな」と感じていることを思い浮かべて下さい。そして，その内容をメモして，教師の願いを明らかにします。この段階では漠然としていてかまいません。
　ちなみに，筆者は，先輩から「その教科（領域等）でどんな子どもを目指したいか，10個以上書き出してみろ」と言われていました。（10個はさすがに難しいです。筆者が若手教師に言う時は「5個以上」としています）
　たくさん書き出すと，調査項目や主題設定の手がかりになります。
③実態調査項目の観点を決める
　観点の決め方には，大きく次の2通りがあります。
　・②で取り出した内容のひとつが，独立して1つの観点になる場合
　・②で取り出した内容で，似たものをまとめながら観点ができる場合
　なお，ここでは，観点をあまり明確にしぼり込まず，少し多めの観点を設けておくとよいです。なぜなら，網を大きめにはって実態を探り，その結果をもとにした後，焦点をしぼった論構成をすることができるからです。
　また，教師があまり意識していなかった，意外な（？）実態が明らかになり，新たな研究主題の意味づけの手がかりが明らかになるかもしれません。
④観点ごとに，具体的な質問項目を設定する
　「その観点の具体的な姿とは，子どもが，どのようなことができることなのか，どのように感じることなのか」を考えながら設定します。
　その際，項目がその観点にあったものかどうかの妥当性は，十分考慮する必要があります。

3．実態調査項目の作り方

　実際の作業では，③と④は，関連させながらの同時作業になることが多いと思います（具体的な質問項目を考えながら，観点ごとに整理していく）。

（2）　実態調査項目の作成の実際例

　表1－2に項目作成の実例についてあげておきました。表中の①～④の番号は前頁の作成手順の番号①～④と対応しています。

表1－2　項目作成の実際例

①研究教科・領域等を決める→社会科（4年生）	
②実態を思い浮かべ，教師の願いを取り出す（メモする）	
［実態A］ 学習が受け身的で，自ら疑問をもつことが少なく，意欲的に追究するには至っていないのでは。 ［願いA］ もっと意欲的に追究させたい。	［実態B］ 表面的な事実を取り出す学習に終始しており，感動のない表面的な理解にとどまっているのでは。 ［願いB］ もっと実感的に追究させたい。
［実態C］ 学習したことと実生活が切り離されたものになっているのでは。 ［願いC］ もっと自分たちの生活との関連をとらえさせたい。	［実態D］ 社会科で学習したことを，生活の中で生かそうとしていないのではないか。 ［願いD］ 学習したことを態度に結びつけたい。
③実態調査項目の観点を決める 　　A→［意欲］，B→［実感性］，C→［生活関連性］，D→［態度化］	
④観点ごとに，具体的な質問項目を設定する 　　　　　　　　　略（次項の図1－2参照） （次項の図1－2では，1，3が意欲，2が実感性，4，6が生活関連性，5，7が態度化に関する項目になります）	

※　なお，「関係づける力が不十分だな」「計算力がもう少しだな」という時は，事前に調査用のテストをさせることが実態調査になります。

4．評定尺度の作成方法
　　～段階（ポイント数）はなるべく多く～

子どもが○をつける評定尺度を作成する

　回答方法には，自由記述法，単一回答法，複数回答法，限定回答法，順位法，強制選択法，そして評定法などがあります（堀野，1998）が，ここでは評定法を取り上げ（統計的な処理が容易にできるためよく用いられる），評定尺度について述べます（他の回答法については表1－3参照。なお，表1－3は，読書を例に作成しています）。

　評定尺度を作成する際，考えておくべきことは「いくつの段階に分けるか」（ポイント数をいくつにするか）ということです。

　ポイント数について，田中（1996）は，次のように述べています。

> 　評定尺度のポイント数は，①対象者の年齢と，②回答の中心化傾向を考慮して決めます。①対象者の年齢を考慮し，<u>ポイント数をできるだけ多くとるようにします</u>。小学校低学年でも3ポイントより4ポイント程度を用いられないかどうかを積極的に考えてみて下さい。②回答の中心化傾向（中立の「どちらでもない」が回答に集中する傾向）が強く出そうなときは，偶数ポイントを用います。
> 　通常，①の観点を優先します。（後略，下線は筆者）

表1－3　評定法以外の回答方法（堀野，1998より作成）

自由記述法	あなたは読書についてどう思いますか。具体的に答えて下さい。
単一回答法	次のジャンルの中で，あなたが一番好きなものはどれですか。
複数回答法	次のジャンルの中であなたが好きなものに○をつけて下さい。いくつでも結構です。
限定回答法	あなたが好きなジャンルはどれですか。主なものを次から3つまで選んで下さい。
順位法	次のジャンルの中で，好きな順に1～6までの番号をつけて下さい。
一対比較法	下にいろいろな本の名前が対になってあげられています。それぞれの組のうち，あなたが好きな方に○をつけて下さい。
強制選択法	読書について次の2つの意見があります。あなたはどちらの意見に賛成ですか。

4．評定尺度の作成方法

　筆者の経験では，小学校3年生でも，評定（○）の付け方を十分に説明すれば，7段階評定法（図1-2参照；図1-2は小学校4年生を対象に実施）でもできました。

　以後，7段階評定法を多用し，まわりの先生にも勧めています。

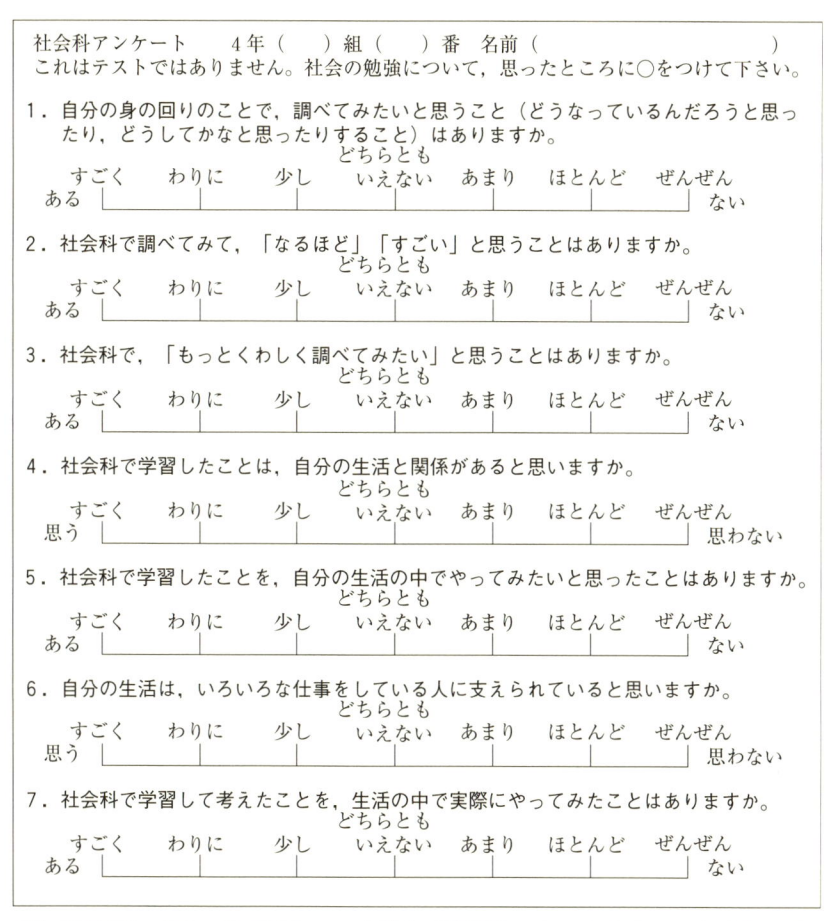

```
社会科アンケート　　4年（　）組（　）番　名前（　　　　　　　　）
これはテストではありません。社会の勉強について，思ったところに○をつけて下さい。
1．自分の身の回りのことで，調べてみたいと思うこと（どうなっているんだろうと思っ
   たり，どうしてかなと思ったりすること）はありますか。
                              どちらとも
    すごく    わりに    少し    いえない    あまり    ほとんど   ぜんぜん
    ある └─────┴─────┴─────┴─────┴─────┴─────┘ ない

2．社会科で調べてみて，「なるほど」「すごい」と思うことはありますか。
                              どちらとも
    すごく    わりに    少し    いえない    あまり    ほとんど   ぜんぜん
    ある └─────┴─────┴─────┴─────┴─────┴─────┘ ない

3．社会科で，「もっとくわしく調べてみたい」と思うことはありますか。
                              どちらとも
    すごく    わりに    少し    いえない    あまり    ほとんど   ぜんぜん
    ある └─────┴─────┴─────┴─────┴─────┴─────┘ ない

4．社会科で学習したことは，自分の生活と関係があると思いますか。
                              どちらとも
    すごく    わりに    少し    いえない    あまり    ほとんど   ぜんぜん
    思う └─────┴─────┴─────┴─────┴─────┴─────┘ 思わない

5．社会科で学習したことを，自分の生活の中でやってみたいと思ったことはありますか。
                              どちらとも
    すごく    わりに    少し    いえない    あまり    ほとんど   ぜんぜん
    ある └─────┴─────┴─────┴─────┴─────┴─────┘ ない

6．自分の生活は，いろいろな仕事をしている人に支えられていると思いますか。
                              どちらとも
    すごく    わりに    少し    いえない    あまり    ほとんど   ぜんぜん
    思う └─────┴─────┴─────┴─────┴─────┴─────┘ 思わない

7．社会科で学習して考えたことを，生活の中で実際にやってみたことはありますか。
                              どちらとも
    すごく    わりに    少し    いえない    あまり    ほとんど   ぜんぜん
    ある └─────┴─────┴─────┴─────┴─────┴─────┘ ない
```

　注）①最初に「テストではない。成績とは関係ない」ことを書いておくと，子どもは安心して答えることができます。
　　　②頻度を尋ねる場合は，「すごく」を「いつも」，「わりに」を「ときどき」，「少し」を「たまに」に，それぞれ置き換えるとよいでしょう。

　　図1-2　小学校4年生社会科における実態調査の例（表1-2の手順参照）

5．実態の分析方法～多面的に実態をとらえるために～

（1） 評定尺度得点の取り扱い方

評定法における評定尺度への回答は，数値化することができます。

例えば，前出の図1－2は，7段階の評定尺度ですから，6～0または7～1と数字に置き換えることができます。このように，すぐに数値化できる点が，評定法の便利なところです。

そして，出た数字をもとにすぐに平均値を求めようとしますが，ここで気をつけておかないといけないことがあります。田中・山際（1989）は，次のように述べています。少し長いですが引用します。

> さて，問題は，このような評定尺度得点についての尺度の判定である。値そのものは程度や強さ大小を示すので，順位尺度と判定するかぎりは問題ない。しかし，その上の間隔尺度として判定してよいかどうかとなると難しい。
> なぜなら，評定尺度得点は間隔の概念に乏しいからである。例えば，1.5というような中間回答は実在しない。また，例えば，「あまりない」から「よくある」までの間隔と「よくある」から「ひじょうにある」までの間隔を等しいと仮定することはほとんど信念にちかい。正当さを期すれば，評定尺度得点は順位尺度で止めておくのが無難であろう。
> しかしながら，実際の実験・調査研究においては，評定尺度得点を間隔尺度とみなして処理する例が多い。この「みなし」は，上述したように理論的根拠が薄弱であり，誤った結果を導くおそれがある。けれども，間隔尺度とみなしたほうが，処理方法の数と質の点で断然まさるので，実用上の利点も捨てがたいのである。
> 結局，評定尺度を間隔尺度と「みなす」か順位尺度に「おとす」かは，研究者の考え方しだいである。判定の適否は結果論にならざるをえない。すなわち，処理の結果が妥当な仮説を支持するとか有益な知見と展望を提供するというのであれば，判定は適切であったことになる。

このように評定尺度得点を，間隔尺度ととらえるか順位尺度ととらえるか，その判断が非常に難しいということなのです。詳しい説明は省きますが，間隔尺度であれば，平均値を求めることができますが，順位尺度では，平均値を求めることはできません。筆者は，田中・山際（1989）が述べているように「間隔尺度とみなしたほうが，処理方法の数と質の点で断然まさるので，実用上の利点も捨てがたい」と考えていますので，間隔尺度ととらえ，平均値を算出し

ています。

（2） 多面的に実態をとらえるために

　評定尺度得点をもとに平均値を算出するわけですが，単に学級全体の平均値を算出するだけでなく，次のような工夫をしてみてはどうでしょうか。

ア．ある得点以上を上位群，ある得点以下を下位群として，上位群，下位群の平均値も算出する（図1-3参照）

　→得点が，平均点を中心に分布していればよいですが，分布のバラツキが大きい場合は，上位群と下位群の差という問題点が明らかになります。

　　図1-3の場合（仮データ）
　　　　　　　　　　　　…児童数38名
　　上位群10点以上→11名
　　下位群7点以下→ 5名

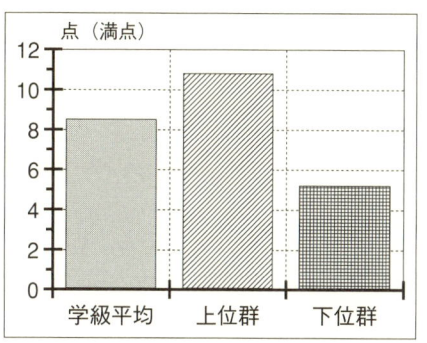

図1-3　実態調査結果（仮データ）

イ．評定尺度得点を，ある別の調査結果と組み合わせて分析する

　例：研究主題「数理を追究する楽しさと充実感を味わう算数科学習」「数理を追究する楽しさと充実感」の情意面を楽しさの実感，理解の実感，自信の実感という3つの実感でとらえ，実態調査の観点としました。

　そして，3つの実感の評定尺度得点の平均値を，CRT（目標規準準拠テスト）の「数学的な考え方」の観点のA（十分満足）・B（概ね満足）・C（努力を要する）の判定群別に算出しました（図1-4参照）。

　→認知面（CRT）の判定群別に情意面（3つの実感）の結果を分析することにより，認知面と情意面の関係が明確になります。

　図1-4から認知面における達成状況が低い子どもの中には，3つの実感をあまり感じていない子どもが多いことがわかります。

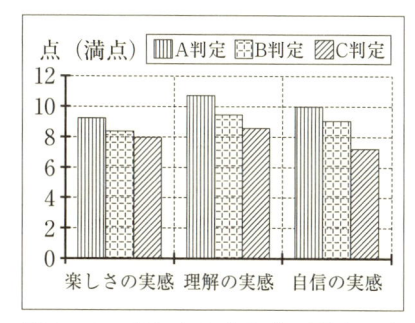

図1-4　楽しさや充実感に関する意識調査の項目ごとの平均点（CRTの「数学的な考え方」の判定別）

6．授業記録（データ）の取り方
　　　　　　～1人で収集するために～

（1） データ収集における留意点
　校内で実証授業を行う時は，同学年や教科部の教師が役割を分担して観察し，データ収集をしてくれるので，材料は集まります。しかし，1時間分だけです。「論文を書く」となると，かなりの授業時間分のデータが必要です。この長い授業時間分のデータ収集は，他の教師頼みにするわけにはいきません。
　そこで，1人でデータ収集を行う場合の留意点を述べます。
1）データ収集（記録）を行う前に
　①どんなデータ（目指す姿）が必要なのかを想定しておきます。テーマが明確に決まっていれば想定しやすいです。テーマが明確になっていなければ，実態調査の項目作りと同じ考え方で，網を大きくはって，いろいろなデータが収集できるようにしておくとよいです。
　いずれにしても，どんな観点からどんな子どもの活動の姿（発言や記述）が見えたらいいかを想定しておくことが大切です。
　②手だてを具体化しておくとともに，「手だて→目指す姿」の関係を明確にしておくことが大切です。
2）1人でできるデータ収集（記録）の行い方
　①作文（子どもが書いたもの）や作業をしたもの（作品）を保管する。
　特に，メインとなる活動をさせた後や，その単元学習終了後の感想文は，研究主題の観点にそって分析すると考察に使えます。
　②板書（子どもの発言）をメモする，あるいは写真に撮る。
　子どもの発言は，なかなか記録しにくいものです。そこで，子どもの発言を意図的に詳しく板書し，それをメモしたり写真に撮ったりするのです。
　板書でネームプレートを使っておくと，誰の発言かもわかります。
　③アンケート（自己評価）項目を作成し調査をする（記述式や尺度法等）。
　次の表1－4の自己評価表は「数理を追究する楽しさと充実感を味わう算数科学習」という研究主題に取り組んだ教師が作成した自己評価表です。

6．授業記録（データ）の取り方

　この教師は，「数理を追究する楽しさと充実感」を楽しさの実感，理解の実感，自信の実感という3つの実感でとらえています。そこで，自己評価表は，この3つの実感を子どもが自己評価できるように作られています。
　表にすることで，単元を通した評価結果がわかりやすくなります。

表1-4　「数理を追求する楽しさと充実感を味わう算数科学習」における自己評価表

わり算を勉強した数		1	2	3	4	5	6	7	8	9	10
しつもん	ひにち	5月（　）日	5月（　）日	5月（　）日	5月（　）日	5月（　）日	5月（　）日	5月（　）日	5月（　）日	5月（　）日	5月（　）日
きょうの勉強は楽しかったですか？	とても楽しかった										
	少し楽しかった										
	どちらともいえない										
	あまり楽しくなかった										
	ぜんぜん楽しくなかった										
きょう勉強したことはわかりましたか？	よくわかった										
	だいたいわかった										
	どちらともいえない										
	あまりわからなかった										
	ぜんぜんわからなかった										
きょうのじゅぎょうは勉強したようなあじがありますか？	すごくじしんがある										
	少しじしんがある										
	どちらともいえない										
	あまりじしんがない										
	ぜんぜんじしんがない										

　④自作テストを作成して実施する。　　　　　　など
　そのほか，VTRを固定しておく方法や録音機を使う方法もありますが，後で見直したり聞き直したりするのが，けっこう大変です。

3）データ収集（記録）を行った後に
　データ収集の観点にそって，早めに一覧表にしておくのことが必要です。
　一覧表にしておけば，結果の整理が容易になります。また，一覧表にする際には，次のような記入の工夫をして下さい。
　　・チェックリストのようにチェックマークを入れる。
　　・自分で基準を決めて，記号化する（◎，○，△，×やＡＢＣなどで）
　　・数値化できるものは，数値化する。

7．教育論文へのアプローチ法
～理論先行型と実践意味づけ型～

(1) 2つのアプローチ方法
　教育論文の全体像は「実態把握→主題設定→構想設定」→「事例→考察」の2つに大きく分かれます。ここでは，便宜上，前半を理論部分，後半を実践部分と呼ぶことにします。すると，論文の全体像をつくり上げていく（実際に記述する順序ではありません）には，大きく2つのタイプがあるようです。
　それが，1）理論先行型と，2）実践意味づけ型の2つです（次頁の図1-5参照）。
1）理論先行型
　「実態把握→主題設定→構想設定」（理論部分）が先に筋道立ててしっかりとできあがり，その理論部分に合わせて「事例→考察」を行っていくタイプです。先に理論部分が出来上がっているので，事例に取り組む際にも手だてを具体化しやすく，事例で期待する子ども像も想定しやすくなります。よって，データの収集計画（どこで，何の記録を取ればよいか）を立てやすくなります。
　しかし，実際に，事例より先に理論部分を筋道立てて構築するためには，かなり見通しをもって取り組んでおく必要があります。
2）実践意味づけ型
　このタイプには，次の2つがあるようです。
【Aタイプ…理論→実践→理論型】
　大まかに「こんな子どもを目指したい」というものがあり，網を広げた形での実態調査も行っています。中心となる構想も大まかにですがあります。
　その大まかな理論部分をもとに実践を行い，その結果をもとに理論部分を構築し，実践部分と理論部分の整合性をもたせていくタイプです。
　ここでいう「整合性をもたせる」とは，1項で述べた論理性・一貫性の面から，実践部分と理論部分を見直していくことです。
　なお，主題設定の際には，実態調査の事前→事後の変容部分に着目して，目指す子ども像を焦点化していきます。

7．教育論文へのアプローチ法

【Bタイプ…実践突入型】

理論部分はほとんど手つかずで,「事例→考察」（実践部分）に先に突入するタイプです。実態調査ができない場合も多くなりがちです。

このタイプでは,「事例→考察」の結果をもとに「いったい，私は何をしたのか？」「どんな手だてで，どんな子どもが育ってたといえるのか？」を取り出し，研究主題として意味づけていくことになります。

とりあえず実践を先にするわけですが，どんなデータが必要なのかがわかりませんので，執筆段階になって「こんな記録を取っておけばよかった」ということになりがちです。

また，事例が2つになると，2つの事例に共通した手だてや主張する子ども像を取り出し，2つの事例を意味づけていくのは，けっこう大変な作業です。

[理論先行型]

理論部分が先にでき，理論部分に合わせて「事例→考察」を行う。

[実践意味づけ型A…理論→実践→理論型]

大まかな理論部分をもとに行った実践結果から理論部分を構築し，実践部分と理論部分の整合性をもたせる。

[実践意味づけ型B…実践突入型]

理論部分はほとんど手つかずで,「事例→考察」を先に行う。

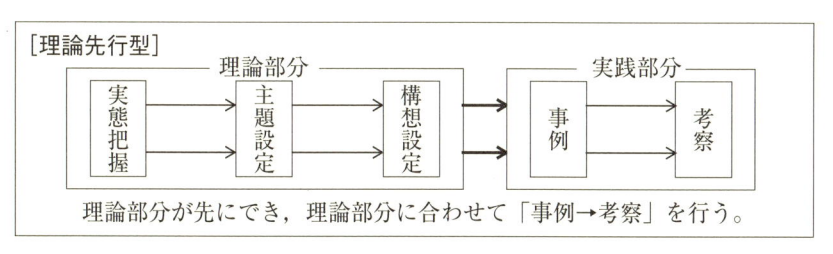

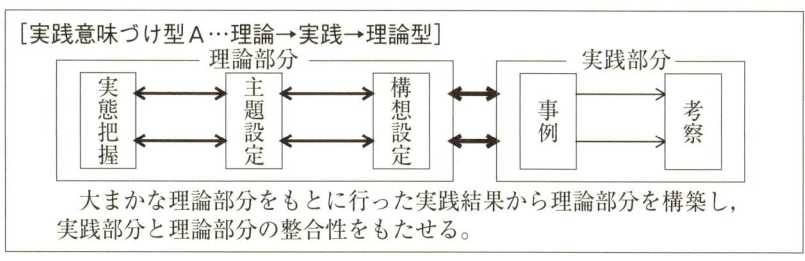

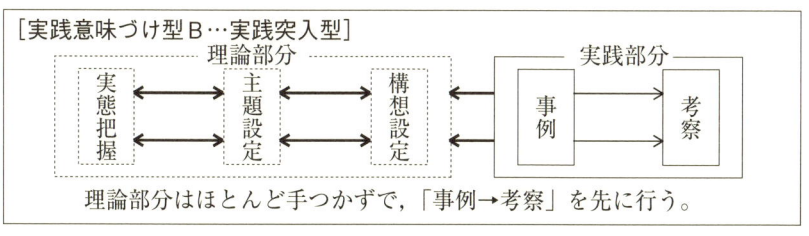

図1-5　教育論文へのアプローチ方法のタイプ

コラム1　問題意識をもつことの大切さ

「論文を書いてみませんか」と言われた時,「はい。書きます」と即答する人は少ないでしょう。論文執筆は大変な作業ですから,断る人も多いようです。

では,断る人は,どのような理由で断るのでしょうか。

次の3つが多いのではないかと考えられます。

　①時間がない。
　②実践がない。
　③論文を書く力がない。

これらの理由についての対応の仕方はさまざまありますが,気にかけるべきことは,これらの理由の裏に「自分の実践に対する問題意識がない」ことが隠れていないかということではないでしょうか。

田中（1996）は,『実践心理データ解析』の研究基礎Q＆Aの中で,「まったく問題意識がわかず,何を研究していいかわからないのですが,どうしたらいいですか」という問いに対して,次のような解答を記しています。

「問題がなければ研究しなくていいのです。（後略）」

また,山内（2001）は,『ぎりぎり合格への論文マニュアル』の中で,次のように述べています。（文中の「学生」を「教師」に読み替えてみて下さい）

「困るのは,《問題意識》に関して,マジメではあるのだが,『何をやったらいいのかわかりません』,興味のあることはないのかと訊かれて「特に興味のあるものはありません』という学生である。（後略）」

つまり,研究をする（論文を書く）上で一番重要なことは,「問題意識をもつこと」ということです。

逆に言えば,実践に対する問題意識があれば,①～③の理由があっても,論文を書くことへの第一歩を踏み出してもらえるのではないでしょうか。

私たち教師は,日々の忙しさの中で,仕事をこなすことで手一杯になってしまい,実践に埋没してしまいがちです。

自分が実践したことを論文に書く,書かないにかかわらず,問題意識をもって,教育実践に取り組んでいきたいものです。

第2章

研究主題の選び方

　研究主題は，論文の「看板」です。
　自分の研究内容を最も的確に表現するものでなくてはいけません。
　ある意味では，研究主題は「論文の一番短い要約」といえます。
　では，研究主題（主題・副主題）はどのようにして選んだらよいのでしょうか。
　この章では，そのためのヒントを具体例を入れながら紹介していきます。

第2章　研究主題の選び方

8．研究主題に必要な3条件〜目的・内容・方法〜

(1) 研究主題に必要な3条件

　研究主題の文言を考える際には，研究主題に，どのようなことを盛り込むべきかを知っておく必要があります。

　この点について，『実践的研究のすすめ方』（群馬県教育研究所連盟編著）には，次の3つの条件を満たすようにすることが大切であると述べてあります。

A：研究に方向性を与えていくもの	[目的]
B：内容構造が具体化され，焦点化されているもの	[内容]
C：どのような手だてをとるか明らかにされているもの	[方法]
注）A〜Cは筆者が便宜的につけた。	

　また，『校内研究のすすめ方』（福岡県教育研究所連盟，1980）には，研究主題に最小限含まれなければならないのは，下の①と②であり，これに③が加われば申し分ない表現だと記されています。

①：研究のめざす姿………………「〜をめざす」「〜を育てる」等
②：研究の対象領域・分野………「〜における」「〜の研究」等
③：研究の方法（手だて）………「〜をとおして」「〜による」等

　上述のAと①，Bと②，Cと③は，それぞれ対応していると考えられます。ということは，これら3つをうまく表現することがポイントです。

　では，これら3つを，どのように表現したらよいのでしょうか。

(2) 主題（主テーマ）と副主題（サブ・テーマ）の関係

　前出の『校内研究のすすめ方』には，①〜③を満足させるには，主題の他に副主題を必要とする場合があるとして，主題と副主題の関係について，次のようないくつかのパターンが示してあります（注：便宜的にア〜ウを付けて箇条書きにしています。例は，近隣の先生方の論文等を参考にしました）。

ア．主題で，研究のねらい，目標を表現し，副主題でさらに対象領域を焦点化したり，手だてを書いたりする。

例1 「文章問題を解決する力を育てる算数科学習指導」
　　　　　　└──研究のねらい，目標
　　──多様な学習形態を取り入れた，第5学年「割合」の指導を通して──
　　　　↑手だて　　　　　　　　　　　　　　　↑対象領域の焦点化

イ．主題で手だてまで示し，副主題でその方向性を示す。

例2 「家庭との連携による『心のノート』の活用」
　　　　　└──手だて
　　──道徳的価値を深める道徳学習を目指して──
　　　　└──研究のねらい，目標

ウ．主題を固定して，副主題でその年次の内容を示す（長期計画のもとに研究を継続していく場合）。

例3　1年次「豊かな文章表現力を育てる国語科学習指導」
　　　　　　　　　└──研究のねらい，目標（主題を固定）
　　　　　　　──取材活動を中心に──
　　　2年次　──構成活動を中心に──
　　　3年次　──自己評価・相互評価を中心に──

※1年次の始めに3年次までを見通しておく場合と，年度が終わるごとに課題を取り出して，その都度，設定する場合があります。

比較的多いのは，アに近いタイプで，主題で目指す姿（A・①）→対象領域・分野（B・②）を表現し，副主題で手だて（C・③）を書くパターンです。
次のような主題と副主題の表記の仕方となります（表2－1参照）。

表2－1　比較的多い，主題と副主題の表記の仕方

主題	～を育てる　～を目指す　～科学習指導　～の研究
	└──目指す姿（A・①）　└──対象領域・分野（B・②）
副主題	～を通して　～を中心に　←手だて（C・③）

本書では，今後，「主題（主テーマ）」とは，目指す姿→対象領域・分野を表現したものを指し，「副主題（サブ・テーマ）」とは，手だてを記述したものを指すこととします。

9．主題（主テーマ）の決め方1〜よくばりすぎない〜

(1) 主題・目指す姿を焦点化する

　主題（主テーマ）を決める時に陥りがちなことは，つい「あれも」「これも」といろいろな子どもの姿を目指そうと，よくばり過ぎることです。

　例えば，仮に次のような主題を考えたとします。

| 資料活用力を高め，地域の一員としての自覚を育てる社会科学習指導 |

　この主題を見ると，教師の願い（目指す子どもの姿）はわかります。

　しかし，論文中では，主題で掲げた子どもの姿が，「ほら，見て下さい。こんな姿で現れましたよ。育ってきましたよ」と記述しなければなりません。

　つまり，上の主題でしたら「資料活用力が高まった姿」と「地域の一員としての自覚が育った姿」の2つの姿を述べないといけないのです。

　このように考えると，1つの論文で述べるには無理がありそうです（「資料活用力」と「地域の一員としての自覚」をつなげている点でも無理があります）。

　上での例では，目指す姿（ゴール）が2つでしたが，それだけで1つの主題になりそうな言葉が3つ入っているような主題を見かけることもあります。「それだけで1つの主題になりそうな言葉がいくつも入っていないか」をぜひ吟味して見て下さい。そして，主題・目指す姿を焦点化しましょう。

　主題・目指す姿を焦点化することで，後の論構成もすっきりします。

　7項の実践意味づけ型では，図2-1のように考えることになります。

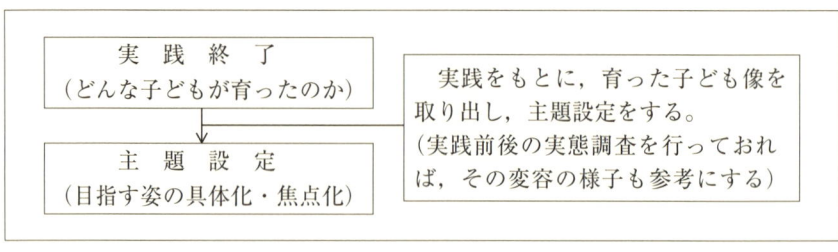

```
┌─────────────────┐   ┌──────────────────────┐
│   実 践 終 了    │   │ 実践をもとに，育った子ども像を │
│(どんな子どもが育ったのか)│   │ 取り出し，主題設定をする。   │
└────────┬────────┘   │(実践前後の実態調査を行っておれ │
         ↓             │ ば，その変容の様子も参考にする)│
┌─────────────────┐   └──────────────────────┘
│   主 題 設 定    │
│(目指す姿の具体化・焦点化)│
└─────────────────┘
```

　　　　　図2-1　実践意味づけ型における主題設定の仕方

10. 主題（主テーマ）の決め方2 〜動詞と修飾語に注意〜

（1） 子どもの活動を表す動詞は注意して使う

　主題の中で，目指す子どもの姿を表現するときには，動詞が出てきます。

　そのときに，便利なので安易に使ってしまいがちな動詞があります。それは，次の3つです。

（〜を）高める　　　（〜を）深める　　　（〜を）広げる

　他にもありますが，筆者は，この3つが"気をつけて使う動詞ベスト3"だと考えています。上で「安易に使ってしまいがち」と書きましたが，それは，下の表2-2のように「具体的にどんな子どもの姿なのかを，十分に吟味・検討しないまま使ってしまいがち」ということを示しています。

表2-2　よく使いがちな言葉（動詞）と吟味・検討すべき内容

主題の言葉（動詞）		吟味・検討すべき内容	
（〜を）高める	子どもがどうなったら	"高まった"ことになるのか	
（〜を）深める		"深まった"ことになるのか	
（〜を）広げる		"広がった"ことになるのか	

　もちろん，この動詞を使ってはいけないと考えているわけではありません。

　具体的にどんな子どもの姿なのかをある程度想定しておかないと，主題の意味で，具体的な目指す子どもの姿を書くときに困ることになるので，気をつけて使って下さいという意味です（他には「かかわる」「みつめる」も，気をつけて使う必要があります）。

（2） 子どもの活動に係る修飾語は注意して使う

　同じ意味で気をつけて使うとよい修飾語には，例えば次の言葉があります。

　「豊かな」，「確かな」，「生き生きと」，「主体的に」，「よりよい」など

　これらの言葉も，具体的にどんな子どもの姿なのかをある程度想定した上で使うようにして下さい。

11. 主題（主テーマ）の決め方3 ～教科の特質が表れるように～

（1） 教科名を変えても，そのまま使える主題になっていませんか

教科名を変えても，そのまま使える主題とは，例えば次のようなものです。

> ア．自己効力感を味わう算数科学習→算数を他教科に変えても使える
> イ．意欲的に活動する社会科学習→社会を他教科に変えても使える

つまり，教科名（領域や分野）を隠しても，他の部分を見ただけで何の教科（領域や分野）なのかがわかる主題は，教科の本質が表れたものになっているといえます。また，読んだだけで，目指す子どものイメージがわきやすい主題だといえるでしょう。「教科名を変えても，そのまま使える主題だからダメだ」とは思いませんが，教科等の特質が表れた主題の方が望ましいと考えます。

ちなみに，アの主題を考えていた先生は『小学校学習指導要領解説　算数編』をもとに，算数科の特質，新しい方向性について探りました。そして，「算数科改善の基本的な考え方」の中の「楽しさと充実感のある学習」に着目し，考えていた目指す子どものイメージと合っていたことから，主題を「自己効力感」から「数理を追究する楽しさと充実感」に具体化・焦点化しました。

解説などの書物を読んで，目指すイメージと近い言葉を探すことも大切です。

（2） ねじれのない文になるように

なお，主題は，主語が子どもなのか，教師なのかを考えて，ねじれのない文になるようにします。下は例です。

> 「数理を追究する楽しさと充実感を味わう算数科学習」
> 　「味わう」の（主語）は子どもだから→子どもは「学習」をする
> 「数理を追究する楽しさと充実感を味わわせる算数科学習指導」
> 　「味わわせる」の（主語）は教師だから→教師は「学習指導」をする

どちらがよい，正しいというのはありません。好みでよいと思います。

これを「数理を追究する楽しさと充実感を味わう算数科学習指導」とすると，「味わう」の（主語）は子どもで，「学習指導」をするの（主語）は教師ですから，ねじれた文になってしまいます。

12. 副主題（サブ・テーマ）の決め方
〜主題との関連を考えて〜

（1） 副主題には，中心となる手だてをもってくる

　8項の最後で述べたように，本書では，「副主題（サブ・テーマ）」とは，手だてを記述したものと考えています。したがって，副主題（サブ・テーマ）を決めるときのポイントは，主題の具現化に向けて行った，一番中心となる手だてをもってくるということです。

　その際，大切なことは，以下のことです。

「主題の具現化に，その副主題（手だて）がどのように結びつくのか」

　つまり，主題と副主題の関連を考えておくことです。
　この「主題と副主題の関連」については，次章の21項で詳しく説明しますが，書くときに困らないように，副主題を決める段階で，この関連を十分に吟味・検討しておく必要があります。

（2） どのような内容が，副主題に位置づくか

　副主題に位置づけることができる内容例を，図2-2に示してみました。
　自分の主題の具現化に結びつく，一番中心となる手だてで，特徴的なものを取り上げてください。

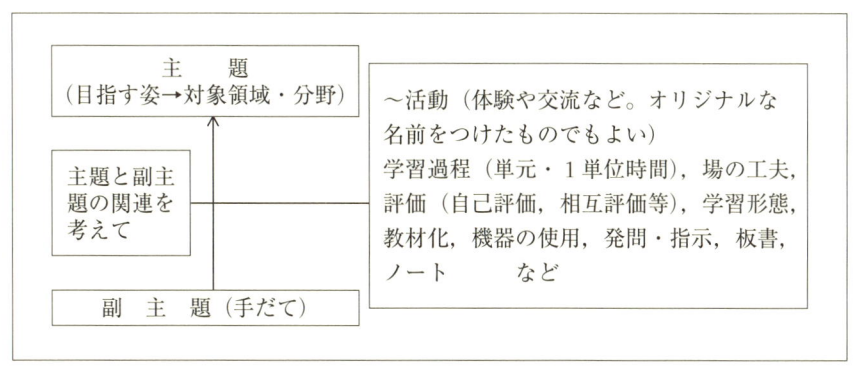

```
┌─────────────────┐  ┌─────────────────────────┐
│    主　　題       │  │ 〜活動（体験や交流など。オリジナルな │
│ (目指す姿→対象領域・分野) │  │ 名前をつけたものでもよい）      │
└─────────────────┘  │ 学習過程（単元・1単位時間），場の工夫， │
┌──────┐                │ 評価（自己評価，相互評価等），学習形態， │
│主題と副 │                │ 教材化，機器の使用，発問・指示，板書， │
│題の関連を│                │ ノート　　　　　など          │
│考えて   │                │                          │
└──────┘                └─────────────────────────┘
┌─────────────────┐
│   副　主　題（手だて）   │
└─────────────────┘
```

図2-2　副主題に位置づけることができる内容例

コラム2　研究テーマ設定における問題点

『現場における教育研究法』（千葉大学教育学部附属小，1975）では，研究テーマを設定するにあたっての問題点について，次の3点を指摘しています。

1. 研究テーマが大きすぎる。
2. 新奇なテーマを追いすぎる。
3. 研究の必要性または必然的動機に乏しい。

この本は，今から30年以上前に出版された本です。しかし，この3つの指摘は，現在でも言えることです。

つまり，この3つの指摘は，研究テーマを設定する上での"古くて新しい問題"と言えそうです。

同書では，「1」について次のように述べています（下線は筆者による）。

> 「（前略）従って，道は遠く感じられるかもしれないが，研究領域を限定し，条件を既定した上で研究を一歩ずつ積み重ねる以外に道はない。テーマを研究し易くしぼることである。それはそのまま実践の全容をおおうには，あまりに小さく狭いことかもしれないが，<u>粗い多いを集めるよりは鋭く深い少数の方が，遥かに教育指導の改善に役立つ</u>。」

そして，テーマをしぼることによってもたらされる利点として，次の6点をあげています。

① 研究問題が焦点化する。
② 研究が具体的になる。
③ 研究の計画がたて易くなる。
④ 研究の仮説がたて易くなる。
⑤ 研究の方法が見出し易くなる。
⑥ 条件と結果の関係がつかみ易くなる。

①〜⑥をまとめると，「研究が焦点化，具体化すること（①・②）で，研究の計画，仮説，方法が考えやすくなり（③・④・⑤），実践後には，因果関係も明確になりやすい（⑥）」ということです。

私たちは，つい大風呂敷を広げがちですが，テーマをしぼって，目指す姿を焦点化，具体化をしていきたいものです。

第3章

「主題の意味」の書き方

　「主題の意味」では，論文の主題（テーマ）と副主題（サブ・テーマ）について論じます。
　主題と副主題には，それぞれどんなことを書けばよいのでしょうか。
　また，主題と副主題を書くときには，どのようなことに気をつけたらよいのでしょうか。
　「自分の論文だったら？」と想定しながらお読み下さい。

13.「主題の意味」は何のために書くのか
～研究の評価規準づくり～

(1)「主題の意味」を書く前に…

「『主題の意味』にどんなことを書くか」は，教育論文を書く際には誰でも考えます。ところで，「主題の意味」は，何のために書くのでしょうか。

若手の先生方に「『主題の意味』は，何のために書くの？」と質問しても，明確な返事が返ってこないことが多いのです。つまり，「何のために書くのか」は，意外にあまり意識していないことが多いのです。

筆者は「主題の意味」を考える際に，「『主題の意味』は何のために書くのか」を念頭に置いておくと，論文全体の構成を考える上で役立つと思います。

では，主題の意味は何のために書くのでしょうか。次のように考えています。

> 目指す子どもの姿が達成できたかどうかを判断（評価）するため

教育論文では，実践を通して現れた子どもの姿を記述するわけですが，その際，考察の観点が必要です。「目指す子どもの姿が達成されたかどうか」を判断（評価）し，考察する必要があるのです。

その判断の拠り所（規準）となるのが「主題の意味」に記されている子どもの姿になります（図3-1参照）。

ですから，「主題の意味」を書くことは，ある意味「研究の評価規準づくり」をしていると言えるのではないでしょうか（「研究の評価規準」なので，評価可能な形に具体化しておくことが大切です）。

```
┌─ 主題の意味 ──────┐
│  目指しているのは，こんな │
│  子どもの姿ですよ。      │
│  ┌──────────┐│
│  │ ①………………  ││
│  │ ②………………  ││
│  │ ③………………  ││
│  └──────────┘│
└──────┬───────┘
       ↓
┌────────────┐
│ そこで，こんな手だてを │
│ 行うのですよ。     │
└──────┬─────┘
       ↓
┌────────────┐
│ 実践をしたら，こんな子 │
│ どもの姿が現れたのですよ。│
│  ・………………      │
│  ・………………      │
│  ・………………      │
└────────────┘
```
主題の意味に記されている子どもの姿を拠り所（規準）にして判断（評価）する

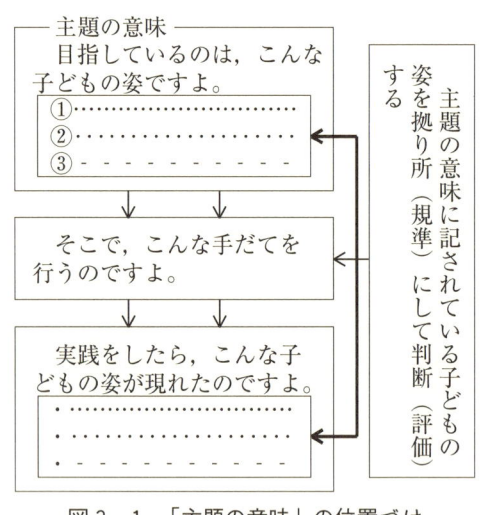

図3-1 「主題の意味」の位置づけ

図3−2は，研究主題を「本と豊かにかかわる子どもを育てる国語科学習指導」と設定した教育論文をもとに，主題の意味の位置づけを表したものです。

```
┌─── 主題の意味（目指す子どもの姿＝評価規準）───┐
│   本に豊かにかかわる子どもとは                 │
│   ①本の楽しさを感じる子ども［読書への興味・関心］│ ←┐
│   ②いろいろな本を読む子ども［読書範囲の広がり］ │  │
│   ③生き方や考えのヒントを本から得る子ども［生活への活用］│
└──────────────────────┘  │
              ↓    ↓                    │
┌─── 具現化するための着眼点（そのための手だて）──┐│
│   ○ 基礎学習と発展学習「多読→交流」における  ││
│      学習指導過程と手だての明確化              ││
│   ○ 多読における本を選択する際の類型の設定    │←┤
│      ・ジャンル設定型                          ││
│      ・テーマ設定型                            ││
└──────────────────────┘  │
              ↓    ↓                    │
┌─── 指導の実際（実践における子どもの姿）────┐│
│   基礎学習において                              ││
│   発展学習「多読」において                      │←┘
│   発展学習「交流」において                      │
└──────────────────────┘
```

研究主題「本に豊かにかかわる子ども」が具現化されたかどうかを，子どもの姿①②③を拠り所（規準）にして判断（評価）する。

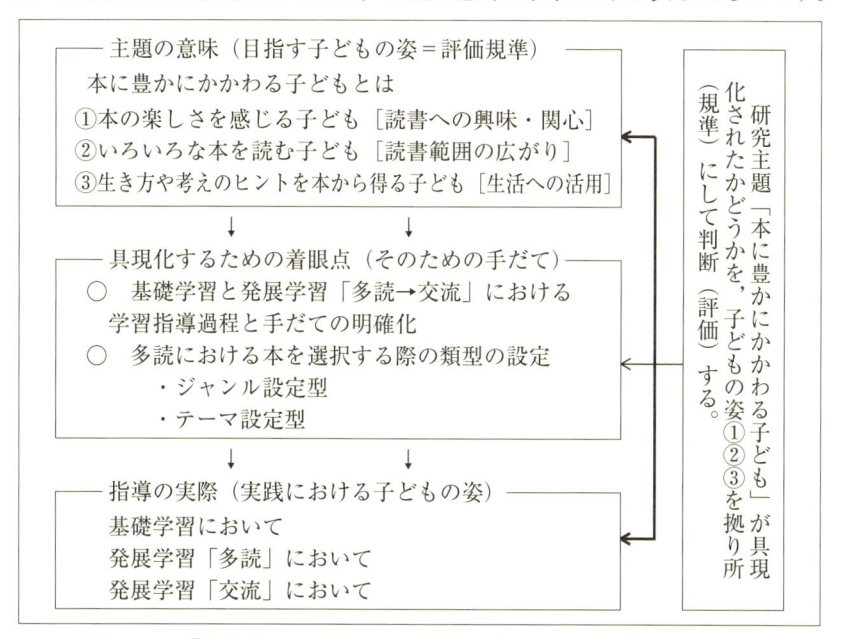

図3−2　「本と豊かにかかわる子どもを育てる国語科学習指導」における主題の意味の位置づけ

（２）「『主題の意味』は何のために書くのか」を考えることのよさ

　では，なぜ『主題の意味』は何のために書くのか」を考えておくと，どういうよさがあるのでしょうか。この点について，次のように考えています。
- 「研究の評価規準」であることを意識して「主題の意味」を考えることになるので，目指す子どもの姿を具体化することにつながる。
  （7項の実践意味づけ型の場合は，実践後に「どんな子どもが育ったのか」を分析し，「研究の評価規準」としての「主題の意味」を書くことになる。）
- 「研究の評価規準」であることを意識して「指導の実際」を書くことになるので，主張する子どもの姿の一貫性が失われにくくなる。

（図3−2では，［本への興味・関心］［読書範囲の広がり］［生活への活用］の3点から子どもの姿が述べてあればよいことになります）

14. 主題の意味→目指す姿の割り出し方
　　　　　　　　　　～横に割る・縦に割る～

(1) 目指す子どもの姿を細分化する

　「主題の意味」は，研究の評価規準にあたるわけですから，主題として掲げている内容を細分化して，さらに具体的な子どもの姿で表すことになります（子ども像の割り出し・細分化）。その方法としては，目指す子どもの姿を「**横に割る**」細分化と「**縦に割る**」細分化の2つがあります。

　図3-3の「横に割る」細分化とは，目指す子どもの姿に向かって，こういう順序を踏んでたどり着くという順序性を念頭に置いて行う細分化です。

　図3-4の「縦に割る」細分化とは，例えば，文部科学省が「［確かな学力］を育む［わかる授業］の創意工夫例」の中で，「生きる力」を〈確かな学力〉〈豊かな人間性〉〈健康・体力〉の3つから表現しているように，主題に掲げてある内容を複数の側面から柱立てていく細分化です。

　よって，柱立てた姿には，「横に割る」細分化のような明確な順序性はありません。先の「生きる力」の場合ですと，例えば〈確かな学力〉→〈豊かな人間性〉→〈健康・体力〉のような順序性はありません。この「縦に割る」細分化は，主題が「〜力」となっている場合に，よく使われているようです。

　下の図では，細分化した姿が，それぞれA〜Cの3つになっていますが，これは例です。3つである必要はなく，いくつでもかまいません。

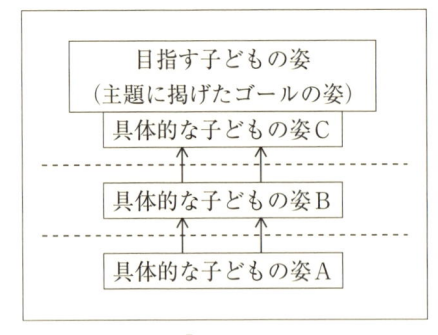

図3-3　「横に割る」細分化

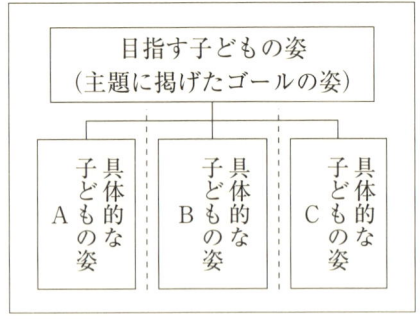

図3-4　「縦に割る」細分化

14. 主題の意味→目指す姿の割り出し方

（2）「横に割る」細分化と「縦に割る」細分化の長所・短所

下の表3-1の内容は，2つを比較したときの相対的なものです。

表3-1　「横に割る」細分化と「縦に割る」細分化の長所・短所

	「横に割る」細分化	「縦に割る」細分化
長所	具体的姿をイメージしやすい。 →授業づくり，実証がしやすい。	研究の特徴が出やすい。
短所	研究の特徴が出にくい。 一般的な表現になりがち。	どんな授業像かを考えておかないと，実証がしにくい。

（3）「横に割る」細分化と「縦に割る」細分化におけるタイプ

それぞれ，次のようなタイプがあると考えられます。
- 「横に割る」細分化→累加型（図3-5）と関連型（図3-6）
- 「縦に割る」細分化→深化型（図3-7）と重点型（図3-8）

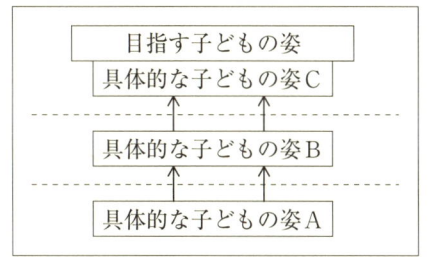

図3-5　累加型

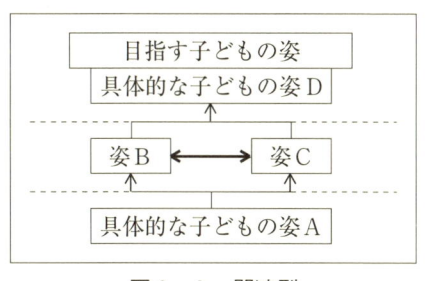

図3-6　関連型

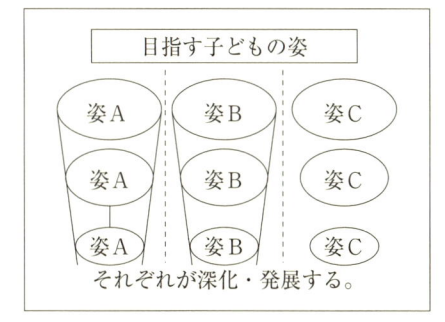

図3-7　深化型

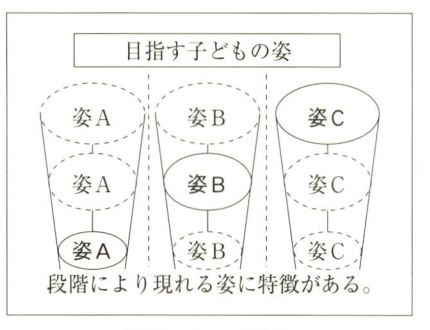

図3-8　重点型

15. 目指す姿の割り出し方（細分化）の具体例

(1) 「横に割る」細分化（累加型・関連型）における具体例
1) 累加型の例

　主題を「『記録を伸ばしたい，これができるようになりたい』という思いから自分やチームの課題を設定し，その課題に対して工夫しながら解決していき『できた，うまくいった』という達成感を得る子ども」と順序性でとらえていました。

　そして，具体的な子ども像を以下の３つから設定しています（図３－９参照）。

　　①目指すめあてをもつ。
　　②達成に向けた工夫を考え，実践する。
　　③伸びや向上を実感する。

```
子ども自らが達成感を味わう
子ども（体育科）
─────────────────
③ 達成経験（めあてを達成
し，伸びや向上を実感する）
          ↑
② 達成への工夫（めあて達成
に向けた工夫を考え，実践する）
          ↑
① めあて意識（自分やチー
ムが目指すめあてをもつ）
```

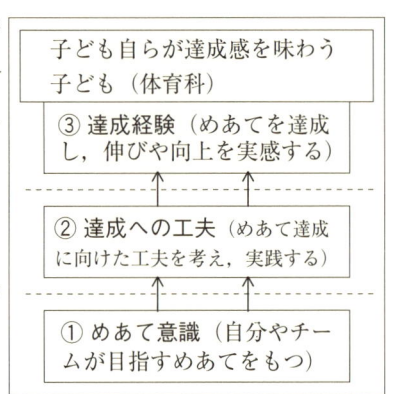

図３－９　累加型の例

2) 関連型の例

　目指す具体的な姿を，以下の３つの特性でとらえています（図３－10参照）。

　　①生活関連性（生活との関連の気づき）
　　②実感性（驚きや感動を伴った理解）
　　③態度化（生活への活用，発信）

　この論文を書いた先生は，これら３つの関係は「①の生活関連性と②の実感性が相互に高まり，追究したことを発展させながら，③の態度化へつながっていく」と考えました。

```
実生活とのかかわりを深める
子ども（社会科）
─────────────────
③ 態度化（学習したことを，
生活に生かす。地域に発信する）

① 生活　　　　② 実感性
　関連性 ←──→

① 生活関連性（事象と生活
の関連や，生活が働く人々に
支えられていることに気づく）
```

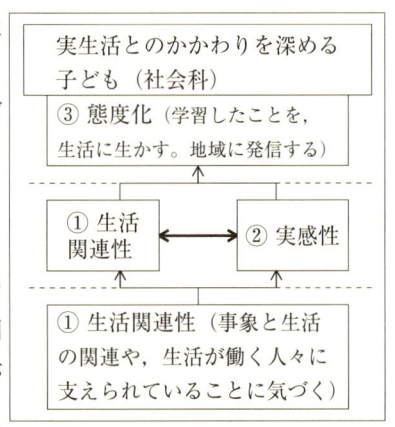

図３－10　関連型の例

　このように，①，②が相互に関連しながら高まっていくことから，関連型の例としてあげました。

（2）「縦に割る」細分化（深化型・重点型）における具体例

1）深化型の例

主題を「"わかる（理解）という認知面の裏づけに基づいて"楽しさの実感""理解の実感""自信の実感"という情意面の3つの実感を感じる子ども」ととらえていました。

そして、3つの実感を次のように考え、学習が進むにつれて、それぞれが高まっていくものと位置づけられていました（図3-11参照）。

・学習活動そのものが楽しいと感じる"楽しさの実感"
・「わかった」という手応えを自分自身で感じる"理解の実感"
・今後の学習に対し、「できそうだ」という自信を感じる"自信に実感"

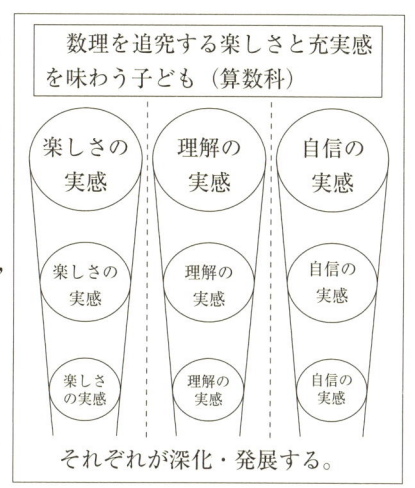

図3-11　深化型の例

2）重点型の例

この研究では、目指す具体的な子どもの姿を、次の3つの特性でとらえています（図3-12参照）。

①目的性（課題解決に向けての目的、ねらいをもつ）
②相互作用性（学習対象である「ひと・もの・こと」と相互にやりとりをしながら活動する）
③価値性（ねらいに迫り向上的変容を遂げている）

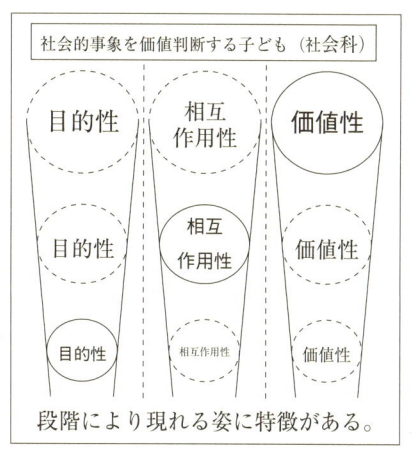

図3-12　重点型の例

単元の導入時では目的性、展開時では相互作用性、終末時には価値性の姿が、重点的に現れるとして、このような特性の位置づけとなっています。

つまり、段階により現れる姿に特徴があるということです。

第3章 「主題の意味」の書き方

16. 目指す姿の割り出しにおける実態調査結果の活用

（1）「事前→事後」の実態調査結果の比較から，目指す姿を焦点化する

　実態調査の実施が，実践前1回であれば，その事前調査の中で明らかになった不十分な点，もっと伸ばしたいと考えた点からいくつかを選び出し，目指す姿（割り出した姿・細分化した姿）として位置づけることになります。

　しかし，実態調査を「事前→事後」と2回行っていれば，その変容部分に着目して，目指す子ども像を焦点化することができます。

　つまり，実践を通して育った子どもの姿を「事前→事後」の結果比較から焦点化し，目指す姿（割り出した姿・細分化した姿）として位置づけるのです（図3-13参照）。

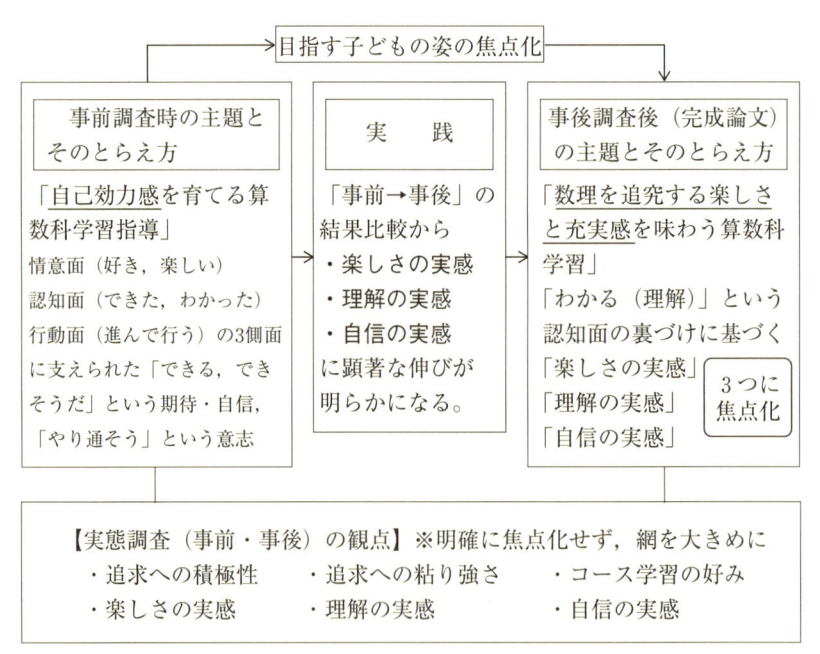

```
                    →目指す子どもの姿の焦点化←
┌──────────────┐  ┌──────────┐  ┌──────────────┐
│事前調査時の主題と│  │          │  │事後調査後（完成論文）│
│そのとらえ方    │  │ 実  践   │  │の主題とそのとらえ方 │
│「自己効力感を育てる算│→│「事前→事後」│→│「数理を追究する楽しさ│
│数科学習指導」   │  │の結果比較から│  │と充実感を味わう算数科│
│情意面（好き，楽しい）│  │・楽しさの実感│  │学習」        │
│認知面（できた，わかった）│  │・理解の実感 │  │「わかる（理解）」という│
│行動面（進んで行う）の3側面│  │・自信の実感 │  │認知面の裏づけに基づく │
│に支えられた「できる，でき│  │に顕著な伸びが│  │「楽しさの実感」    │
│そうだ」という期待・自信，│  │明らかになる。│  │「理解の実感」 ┌───┐│
│「やり通そう」という意志 │  │         │  │「自信の実感」 │3つに││
│                │  │         │  │         │焦点化││
│                │  │         │  │         └───┘│
└──────────────┘  └──────────┘  └──────────────┘
┌─────────────────────────────────────────┐
│【実態調査（事前・事後）の観点】※明確に焦点化せず，網を大きめに         │
│ ・追求への積極性    ・追求への粘り強さ    ・コース学習の好み       │
│ ・楽しさの実感     ・理解の実感       ・自信の実感         │
└─────────────────────────────────────────┘
```

　図3-13　「事前→事後」の実態調査結果の比較から，目指す姿を焦点化した例

17. わかりやすく表現する工夫1～キーワード化する～

(1) 工夫1：子どもの姿をキーワード化する

　子どもの姿をわかりやすく表現する工夫の1つ目は，キーワード化です。
　例えば，図3-9「子ども自らが達成感を味わう子ども」では，以下のようにキーワード化しています。

- 自分やチームが目指すめあてをもつ姿を「めあて意識」
- めあて達成に向けた工夫を考え，実践する姿を「達成への工夫」
- めあてを達成し，伸びや向上を実感する姿を「達成経験」

　また，同様に図3-10「実生活とのかかわりを深める子ども」では，以下のようにキーワード化しています。

- 事象と生活の関連に気づく姿を「生活関連性」
- 人々の工夫や努力，協力を驚きや感動をもって理解する姿を「実感性」
- 学習したことを生活に生かしたり，地域に発信したりして活動する姿を「態度化」

　このようにキーワード化することには，次のようなよさがあります。

> ①研究の特徴を，短い言葉で端的に表すことができる。
> ②キーワード化以後は，キーワードを使った端的な記述ができる。
> ③子どもの活動の様子をキーワードで意味づけしたり，キーワードに基づいて考察したりすることができる。

　気をつけたい点は，キーワードが先にあって，具体的な子ども像が後からついてくるのではないということです。つまり，具体的に目指す子ども像が先にあって，その姿をキーワード化していくということです。
　上の例で述べますと，「めあて意識」「達成への工夫」「達成経験」や「生活関連性」「実感性」「態度化」といったキーワードは，その子どもの姿を一言で表現できる言葉として，目指す子どもの姿から導き出されているのです。
　キーワードは造語でもかまいません。自分で概念規定すればよいのです。

18. わかりやすく表現する工夫2 〜図式化する〜

(1) 工夫2：子どもの姿を図式化する

子どもの姿をわかりやすく表現する工夫の2つ目は，図式化です。

図式化する際は，項目の配置と矢印の使い方に気をつけるとよいです。

> ①項目の配置（図の構造）…子ども像の割り方（細分化のタイプ図）を基本にして考える。（15項参照）
> ②矢印の使い方（単につなぐだけなく，向きにも気を配りましょう）
> ・順序がある場合………一方向に引く（→）。
> ・相互関連がある場合…双方向に引く（↔ または ⇌）。
> ・サイクルがある場合…ゴールからスタート向きにしてつなぐ。
> ※図は縦向きでも横向きでもかまいません。内容には変わりありません。

図式化することによって，具体的な子ども像の構造（順序や関連）が視覚的にわかるようになります。

1) 図式化の例1 （数理を追究する楽しさと充実感を味わう算数科学習）

「わかるという認知面の裏づけに基づいて"楽しさの実感""理解の実感""自信の実感"という情意面の3つの実感を感じる子ども」という概念規定を図式化したものです（図3-14は，細分化のタイプ図を認知面もとにしたものではなく，「裏づけに基づいて」を表現するために，配置を工夫した例です）。

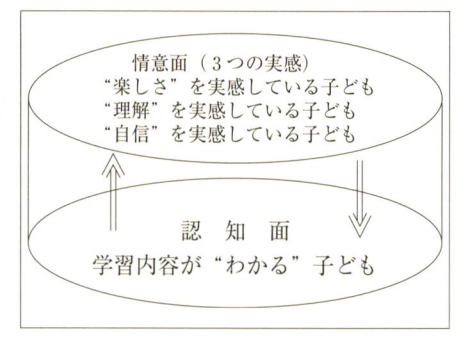

情意面（3つの実感）
 "楽しさ"を実感している子ども
 "理解"を実感している子ども
 "自信"を実感している子ども

認 知 面
 学習内容が"わかる"子ども

図3-14　楽しさと充実感を味わう姿

2) 図式化の例2 （本に豊かにかかわる子どもを育てる国語科学習指導）

この主題に関しては，前出の図3-2で，目指す子どもの姿を3つのキーワード（読書への興味・関心，読書範囲の広がり，自分の生活への活用）で示していました。

18. わかりやすく表現する工夫2

　この主題では，自分と本との関係を双方向的なものととらえているため，自分と本との間の矢印が，双方向に引かれています。

　また，①→②→③の姿を一連のサイクルととらえているため，③から①に矢印を向けています（図3-15参照）。

3) 図式化の例3（社会的事象を価値判断する子どもを育てる社会科学習指導）

　図3-16は，前出の図3-12（「縦に割る」細分化の重点型における具体例）を整理したものです。

　単元の導入時では目的性，展開時では相互作用性，終末時には価値性の姿が，重点的に現れることを示しています。

4) 図式化の例4（道徳的価値を深める道徳学習）

　図3-17は，「漠然と気づいていた道徳的価値を，自分とのかかわりから新たな見方を取り入れ，とらえ直していくこと」という概念規定を図式化したものです。

　この図の工夫点は，下に具体例があげられていることです。

　概念規定の説明が抽象的になってしまった場合，このように具体例をセットにして図式化するとわかりやすくなります。

図3-15　本に豊かにかかわる姿

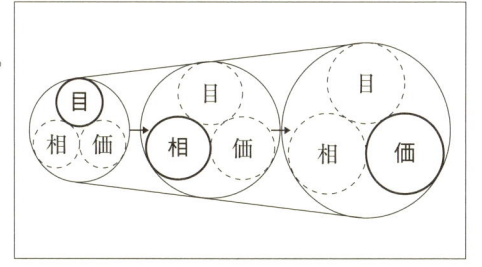

図3-16　3つの特性の高まり

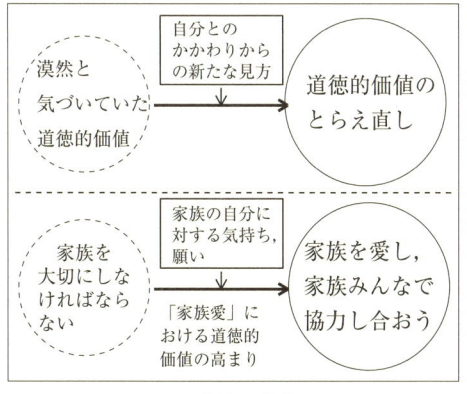

図3-17　道徳的価値の深まり

19.「主題の意味」を記述する際の留意点
　　　　　　　　　　　〜推敲例に基づいて〜

（1）　例　特別支援教育に関する教育論文から

●推敲前原稿（初稿）
主題：生活を豊かにする国語科学習指導
副主題：知的障害があるＡ児の教育的ニーズにあわせたひらがなの読みの指導を通して
主題の意味：生活を豊かにするとは
　習得した言葉や文字を暮らしの中のさまざまな場面で用いることにより，生活の幅を拡げ，生活を円滑にし，主体的で意義あるものにしていくことである。
　私たちは，言葉や文字を通して，自分が伝えたい気持ちや考えを表している。また，知識や情報を得たりしている。言葉や文字を習得することは，私たちの生活の基盤であり，生活を有意義にするために必要なことであると考える。
　このことは，知的障害がある子どもたちにとっても同様のことである。これまで文字を読むには，身近な大人などのまわりの人の援助が必要であった子どもが，文字を読む力を獲得することにより，自分で好きな絵本を読んだり，必要な情報を得たりすることができるようになると考える。

［推敲前原稿（初稿）へのコメント］
①波線部について
　「生活の幅を拡げる」「生活を円滑にする」「主体的で意義あるものにする」とは，それぞれ，どのようなことなのでしょうか。
　教師の思いは理解できますし，目指す方向をきちんともつことは必要です。
　しかし，Ａ児がどのようになることなのか，具体的な子どもの姿がわかりません。評価規準となり得るように，子ども像を細分化する必要があります。
　また，3か所の波線の内容がどれも大きいので，論文の主題としては，目指す姿がしぼられていない感じがします。
②破線部について
　記述してあることはわかりますし，その通りです。しかし，記述されている内容は，その主題を目指すことの重要性になっています。したがって，この記述を生かすとすれば，「主題設定の理由」に入れる方がよいでしょう。

19.「主題の意味」を記述する際の留意点

◎**推敲後原稿（完成論文）**

主題：A児の言語生活を豊かにする国語科学習指導
副主題：「かるた遊び」と「絵とひらがなのマッチング」を中心とした指導の積み上げを通して
主題の意味：A児の言語生活を豊かにするとは

　ひらがなを読むことへの関心を高めながら，ひらがなで書かれた身近な人やものの名前を読むとともに（ひらがなの読字力），獲得した言葉を用いてコミュニケーションを円滑にしていくことである（コミュニケーション力）。
　具体的には，次のようなことである。
【ひらがなの読字力】
・身近なものの名前と結びつけながら，ひらがなが1音節ずつ読める。
・2音節程度の単語が読める。
【コミュニケーション力】
・教師や友達にあいさつやお礼を言う。
・友達の名前を呼んだり，一緒に活動に参加したりする。
・教師や友達の話をよく聞く。　　　　　　　　　　　（図は省略）

「主題の意味」を記述する際の留意点

① 目指す姿を焦点化し，具体的な子どもの姿を想定する（子どもがどのようになることなのか，子ども像を細分化する）。

② 主題の重要性に関わる内容は入れない。書くときは「主題設定の理由」に入れる（「主題の意味」は「目指す子どもの姿を書く」と割り切る）。

③（上の例はあてはまりませんが）項目を細かく分け過ぎないようにする。
　　例えば，「言語生活とは」→「豊かにするとは」→「言語生活を豊かにするとは」→「言語生活を豊かにする国語科学習指導とは」のような細かすぎる項立てはしない。
　　要は，目指す子どもの姿（論文としての評価規準）がわかる項立てと内容があればよい。なぜなら，あまり段階を追って説明とすると，内容がダブったり，新たな言葉が唐突に加わったりして，それぞれの項立ての内容の関係が不明確になり，何を言いたいのかはっきりしなくなりがちだからである。

④「主題の意味」の説明の中で「目指す子どもの姿」の項目を起こす場合は，「主題の意味」の説明と「目指す子どもの姿」の説明にズレがないように気をつけて記述する。

20．説得力のある文にするために〜文献の効果的引用〜

（1） 教育論文における引用の視点

　野口（2002）は，引用は「タダで雇える用心棒」と述べ，引用の機能の一つとして「論文の内容が思いつきや独り善がりでないことを示すこと」を取り上げています。私たちも，文献を効果的に引用したいものです。

　教育論文において「論文の内容が思いつきや独り善がりでないことを示す」には，次のような視点から文献を引用，活用するとよいと考えます。

　　A：「主題の意味」の補強・裏づけ
　　B：授業像の導き出し
　　C：研究内容の価値づけ

1）A：「主題の意味」の補強・裏づけ

　これは「主題の意味」で，子どもの姿を細分化する際の根拠を，文献に求めるということです。つまり「主題の意味」で細分化した子どもの姿が「思いつきや独り善がりでないこと」を，文献を使って説明するのです。

　下の例では，下線部分が引用した内容になります。

〈文例1〉　………を，………でとらえた。これは，<u>○○の……という考え方を参考にしたものである。</u>（後から補強・裏づけを行う）

〈文例2〉　<u>○○は…………と述べている。</u>そこで，本研究では，この考え方をもとに，……を……ととらえた。（先に述べて補強・裏づけに使う）

2）B：授業像の導き出し

　これは，主題で掲げている授業像（どんな学習をしたら，主題が達成されるのか）が見えてこないとき，その手がかりを文献に求めるということです。

　一例をあげます。ある先生は，算数科で自己効力感の育成を考えていました。しかし，自己効力感を育てるための学習像が見えてきませんでした。

　そこで，この先生は，「自己効力感」が心理学の用語であることに着目し，「自己効力感」に関して，心理学，特に教育心理学の文献を中心に「どのような学習を行えば，自己効力感が育つのか？」を探りました。

　そして，2つの学習特性を導き出しました。（下線は，筆者による）

> 高野 (1988)「子どもを無気力にしないためには，子どもが自分で自発的に考えて，自分の考えに基づいた行動を起こし，<u>その行動に随伴した結果や反応が得られる</u>ことを子ども自身が認知できることが大切なのである。」
> →【自己活動性】…問題解決に，子ども自身が自分の力を最大限に発揮しながら粘り強く取り組む学習であること
> 　※"自分自身が自分の力で活動して成し遂げること"を重視する点から
> 波多野・稲垣 (1981)「自己選択をする機会が多いと，次第に自分の行動やその結果に対して，自己の責任性を強調するようになりやすい。」
> →【自己選択性】…すべて教師から指示されるままに活動するのではなく，子ども自身が活動を選択・決定する場がある学習であること
> 　※自己活動が"自分の意志（選択）によって始められたもの"となることを重視する点から

この2つの特性に数理性（算数科の領域や単元のねらいに応じた本質的な指導内容に迫る学習であること）を加え，目指す学習像を，①自己活動性，②自己選択性，③数理性の3つの特性を満足している学習ととらえたのです。

この効力感に着目した主題の変容については，11項の「主題（主テーマ）の決め方3」を参照して下さい。

3）C：研究内容の価値づけ

自分の研究主題に関する先行研究について，以下のようなことなどを，自分がやろうとしていることと比較的しながら調べて整理します（表に整理すると，わかりやすくなります）。

・どんなことはされていて，どんなことはされていないのか。
・明らかになったことは何で，明らかにされていないことは何なのか。
・主題に対するとらえ方の違いや自分なりの疑問点

そして，自分の研究が，先行研究のどんな未解明の部分や疑問点にアプローチしようとしているかを述べ，自分の研究内容を価値づけるのです。

A，Bが「主題の意味」の内容に生かせるのに対し，このCは「主題設定の理由」の内容に生かすことができます。

これらの文献の活用は，時間に余裕がないとなかなか難しいのですが，A～Cの1つでもやってみると，論文の説得力が増します。

教師の世界では，他人が書いたものを，さも自分が考えたかのように書いている場合が多くあるようです。引用元を明記するように気をつけたいものです。

21. 副主題（サブ・テーマ）の書き方～3つの要素を入れて～

（1） 副主題（サブ・テーマ）のキーワード「内容・価値・関係」

　本書では，「副主題（サブ・テーマ）」とは，手だてを記述したものとして考えています。手だてを記述する副主題には，次の3つの要素が必要です。

① **「内容」**：その副主題（サブ・テーマ）が，どんなことなのか，どんな内容なのかを書きます。
② **「価値」**：その副主題（サブ・テーマ）には，どんな価値（よさ）があるのかを，主題の具体的な子ども像を念頭に置いて書きます。
③ **「関係」**：その副主題を行うことが，主題の具現化にどのように関係するのか（どのようにつながるのか）を，②「価値」の記述をもとに書きます。いわば，副主題と主題の「関係」です。
　②と③をセットにした記述でもかまいません。

　特に重要なのは，②「価値」と③「関係」です。
　なぜなら，副主題が主題の具現化にどのようにつながっているか（関係）は，論文の骨子に関わる重要な点だからです。また，③「関係」を述べるには，②「価値」を明確にしておかなければなりません。
　なお，②，③を整理し，副主題と主題の関係を明確にしておくと「研究仮説」が非常に書きやすくなります。

（2） 副主題（サブ・テーマ）の記述例

　以下，それぞれの枠の下に，具体的な記述例を示します。説明のため，（①「内容」）などの記述の観点も合わせて示しています。

[例1]（①「内容」→②「価値」→③「関係」パターン）
主　題「問題解決力を養う第3学年社会科導入期における指導法の研究」
　　　　（問題解決力を，問題の発見・仮説の認識・活動の喚起・活動の実行の4つの姿からとらえている）
副主題――生活科との接続・発展を重視した活動構成を通して――

---

21. 副主題（サブ・テーマ）の書き方

［副主題の説明］（「生活科との接続・発展を重視した活動構成」について，"具体的な活動や体験と自分らしさを大事にした個性的な追究活動を，単元の学習活動に位置づけることである"こと）を述べた後に以下の文章が続きます。

> （前略）具体的な活動や体験とは，見学やインタビュー等，体を動かしながら行う活動のことである（①「内容」）。活動や体験を取り入れることによって，活動への喚起や意欲的な追究活動の実行が期待できる（②「価値」）。
> 　自分らしさを大事にした個性的な追究活動とは，自分で調べる問題を探し，自分なりの道筋を立てながら追究する活動のことである（①「内容」）。この個性的な追究活動を積み重ねることによって，問題を発見したり，見通しをもって追究したりする子どもの姿が期待できる（②「価値」）。
> 　このように，具体的な活動や体験と個性的な追究活動を重視した活動構成を行うことによって，生活科から社会科への接続・発展を図りながら，問題解決力を育てることができると考えたのである。（③「関係」）。

> ［例2］（②「価値」→③「関係」→①「内容」パターン）
> 主　題「豊かな文章表現力を育てる第3学年国語科学習指導」
> 副主題――合科的視点を取り入れた体験的取材活動を通して――

［副主題の説明］（豊かな文章表現力のための取材活動の重要性を述べた後）

> （前略）また，私は，本学級の子どもたちの実態である自分の考えや場面の様子を十分に記述できない原因は，作文に表現する内容を十分に掘り起こしていくことができないことに原因があるのではないかと考えている。
> 　そこで，子どもに豊かな体験をさせていけば，子どもの心にさまざまな感情が生じ，作文学習に生かしていくことができるのではないかと考えたのである（②「価値」）。子どもの心を揺り動かすさまざまな体験は，日頃の学習指導の中でも重視して位置づけていくことができると考える。
> 　以上のことから，本研究主題を具現化していくための中心的着眼点として「合科的視点を取り入れた体験的取材活動を通して」を位置づけた指導を行うことにした（③「関係」）。
> 　本研究における合科的視点を取り入れた体験的取材活動とは…（略）…取材活動である（①「内容」）　　後略

コラム3　研究の目新しさを，どこで出すか

　研究主題を設定する場合，「追試（他人または自分が以前に行ったものをそのまま行う）」という形をとることもあるかと思いますが，望ましいのは，その人らしい目新しさ（研究の独創性）があることです。
　では，どのような視点から，目新しさ（独創性）を考えたらよいでしょうか。
　そのヒントを，妹尾（1996）の文章に見つけましたので，下に紹介します。（大学院を目指す社会人向けに書かれた文章です。下線は筆者による）

> 「研究は必ず３つの要素を持っている。研究の概念的フレームワーク，研究のアプローチないしは方法論，そして研究領域。つまり，どんなコンセプトで，どんな方法論を使って，どんな領域を研究するか，を明示することが重要。<u>しかし，この３つが全て新鮮である必要はない。そんなことは天才にしかできない。</u>（中略）では，どうするか。<u>３つのうち，どれか一つが新しければいい。</u>例えば，『確立されたコンセプトと方法論を使って，東京を調べた人はすでにいるけれども，大阪を調べた人はいないから，大阪についてやってみる』とか，『若者市場という領域に対して，既存のコンセプトで見るが，方法論について多少変更してみる』といった具合だ。つまり，他の二点を固定して残りの一点を変えてみるとどうなるかを研究するわけだ。」

　妹尾が述べている研究の３つの要素，概念的フレームワーク，研究領域は，教育論文では，８項の①～③と，次のように置き換えることができます。

　　概念的フレームワーク　→　①研究のめざす姿
　　研究領域　　　　　　　→　②研究の対象領域・分野
　　研究のアプローチ　　　→　③研究の方法（手だて）

　そうすると，①～③のどこかを変えることで，研究の目新しさ（独創性）を出すことができるわけです。例をあげてみます。
①同じようなテーマでも，目指す具体的な姿の割り方を変える。
②領域・分野以外の見直し→実証単元や，対象学年を変える。
③特徴的な活動を副主題にする。
　（活動の新たな条件や過程を示したり，場合によっては，新たなネーミングを示したりする。）

第4章

「主題設定の理由」の書き方

　いろいろな論文を読んでみると，さまざまな項目から「主題設定の理由」が論じられています。
　「自分の論文では，いったいどの項目から述べたらいいのか？」と迷ってしまうところです。
　この章では「主題設定の理由」の項目例やその書き方について説明しています。自分の論文に合った項目を選んで記述して下さい。

22. 主題設定の理由の基本的な項立て
　　　　　　〜2，3項目を選択する〜

（1）「主題設定の理由」の重要性
　「主題設定の理由」に何を書くのか？を考える前に，「主題の意味」のときと同じように，「主題設定の理由」を書く目的を考えてみましょう。
　筆者は，その論文が「意味がある」「価値がある」ことを述べるために書くのだと考えます。つまり，読み手に「なるほど。確かにこの論文は意味があるな。価値があるな」と納得してもらうことが大切だと思います。

（2）「児童の実態から」は，はずさない
　「主題設定の理由」の項目としては，次のようなものが考えられます。
　研究の意味・価値を強調できる項目は何かを考え，2〜3項目を選びます。
　研究は，授業実践を行う中での問題意識から出発するわけですから，［A］の「（本学級の）児童の実態から」は，はずせないと筆者は考えています。

［A］児童の実態に着目して
　　・（〜についての）児童の実態から
［B］過去の研究に着目して
　　・（自分自身の）研究の積みあげから
　　・（他人の）先行研究の分析から
［C］教科等の目標や方向性に着目して
　　・○○科の目標から
　　・今後の○○教育の方向から
　　・○○科改訂の要点から
［D］教育全体の大きな流れ，方向性に着目して
　　・今後の教育の方向から
　　・○○（各種答申）との関連から
［E］その他（子どもを取り巻く環境に着目して）
　　・社会の要請から
　　・地域環境の面から

23．［A］児童の実態に着目した設定理由の書き方１

（１）　実態調査を行っていない場合
　児童の実態に着目して設定理由を書く際の項目は，「（～についての）児童の実態から」となりますが，事前に実態調査を行っていない場合と行っている場合とでは，当然，内容（書き方）が変わってきます。実態調査を行っていない場合は，グラフや数字は入らず，文章で記述することになります。
　記述順序は，「①児童のよさ→②不十分な点→③主題との関連」となります。

（２）　記述例（主題：道徳的価値を深める道徳学習　図３-17参照）
　第４学年である本学級の子どもたちは，道徳の時間において資料中の登場人物の心情を推し量り，ねらいとする道徳的価値を考えることができる（①児童のよさ）。
　しかし，その道徳的価値を自分の生活に結びつけて考えることが十分にできていない。つまり，道徳的価値を自分とのかかわりの中でとらえ，見直していくことが不十分なのである（②不十分な点）。
　そこで，道徳の時間の展開段階や学習後において，子どもと保護者が話し合って記入した「心のノート」を活用することで，道徳的価値を自分とのかかわりの中でとらえ，見直していくことができるようにしたいと考え，本主題を設定した（③主題との関連）。
※この例の記述は，少し一般的過ぎるようです。授業中の子どもの発言やノート記述をもとに，①や②を説明すると具体的になります。

（３）　「児童の実態から」を記述する際の留意点
　「児童の実態から」の項目の中で，次のような記述を見かけることがあります。
　　　・「……な活動が好きなので，……活動を取り入れることにした」
　　　・「……な活動の経験が少ないので，……活動を仕組むことにした」
　これらの文は，目指す子ども像（＝「主題の意味」で細分化した子ども像）を設定した理由になっておらず，副主題（サブ・テーマ）設定の理由になっている場合が多いです。「主題設定の理由」では，あくまで「主題の意味」で示した子ども像を目指すことの重要性，切実性を記述する方がよいのです。

第4章 「主題設定の理由」の書き方

24．［A］児童の実態に着目した設定理由の書き方2

(1) 実態調査を行っている場合

　グラフや数字は，主題（目指す子ども像）に関係のあるものを取り上げます。

1) 記述例（主題：実生活とのかかわりを深める社会科学習）

　前出の3項，4項，15項，および17項でも取り上げています。なお，3項の表1-2，4項の図1-2では，観点として，意欲，実感性，生活関連性，態度化の4つを取り上げていましたが，事前→事後の実態調査結果の比較から，実際の論文の「主題の意味」では，実感性，生活関連性，態度化の3つに焦点化しています（表4-1参照）。

表4-1　設定理由の書き方について

具体的な記述	解　説
4年生の学級担任をしている私は，社会科学習指導を進めながら，次のような漠然とした思いをもっていた。 ○　子どもたちの学習が，表面的な事実を取り出すことに終始してしまっており，感動のない表面的な理解にとどまっているのではないか。（実感性の欠如） ○学習したことと実生活とが切り離されたものとなっており，社会科学習と実生活との関連をとらえきっていないのではないか。（生活関連性の欠如） 　また，社会科で学習したことを生活の中で生かそうとしていないのではないか。（態度化の欠如）	実態調査をするに至った理由を，左のような形で記述することもあります。 　「主題の意味」で，実感性，生活関連性，態度化を取り上げているので，その3点について述べます。
そこで，平成15年6月に本学級の児童を対象に，社会科学習における実態を客観的に把握するための意識調査を実施した。調査は質問紙法を用い，主題の意味で述べた実感性，生活関連性，態度化についての項目を設けた。 　（質問項目をあげる。ここでは略。図1-2参照） 　これらの質問に対して，「すごく」「わりに」「少し」「どちらともいえない」「あまり」「ほとんど」「ぜんぜん」の7段階の評定尺度（各項目最高6点，最低0点）を用いて回答を求めた。そして，回答を項目ごとに学級平均，上位群，下位群に分けて集計した，その結果は，図○〜○の通りであった。 　（3観点ごとの棒グラフを出します。ここでは略）	「いつ」「どんな方法で」「何について」調べたのか述べます。 　例では「主題の意味」を先述しています。 　実際の論文の中では質問項目のみを示し，尺度については左のように説明します。 　本研究では，上位群，下位群に分けて集計しています。

24．［A］児童の実態に着目した設定理由の書き方2

図○〜○からは，実感性，生活関連性，態度化とも得点が低い下位群の子どもが存在し，上位群との得点差が大きいことがわかる。 　また，態度化では，学級平均が他の項目に比べると得点が大変劣っていることもわかる。 　そこで本研究では，実感性，生活関連性，態度化に関する下位群の子どもの底上げを図ること。つまり，3つの特性の向上的な変容を目指して，研究主題を「実生活とのかかわりを深める社会科学習」と設定したのである。	不十分な点しか述べていませんが，よさにふれてもいいです。 　不十分な点から，「そこで」につなぎます。 　何をどうしたいのかを述べ，主題設定の理由としてまとめます。

2）　記述例2（主題：A児の言語生活を豊かにする国語科学習指導）

　複数の調査を行った時には，その結果を表にするとわかりやすくなります。

　例えば，主題を「A児の言語生活を豊かにする国語科学習指導」（特別支援教育）と設定したある先生は，効果的な指導を行うためには，実態を詳しく知ることが重要と考え，生活スキルチェック，基本語彙チェック，K‐ABC心理・教育アセスメントバッテリーを実施しました。

　実際の論文では，「A児の実態から」の項の中に，次の3つの項を起こし，それぞれの簡単な調査内容と，その調査における結果を記述しました。

①生活スキルチェック

②基本語彙チェック

③K-ABC心理・教育アセスメントバッテリー

　そして，A児の実態（特徴）をよりわかりやすく伝えるために，①〜③の結果を表4‐2に整理したのです。特に「課題」欄に，主題（目指す姿）に結びつくA児の実態が記述されることになります。

　表4‐2の後には「そこで，A児にひらがなを読むことへの関心をもたせ，ひらがなを読む力を身に付けさせたり，まわりの人とのコミュニケーションをとる力を育てたりして言語生活を豊かにすることを目指して，本研究に取り組んだ」と結び，設定理由をまとめています。

表4－2　複数の調査を行った時の結果の整理例

	A児のよさ	A児の課題
①生活スキルチェック		
②基本語彙チェック		
③K‐ABC		

第4章 「主題設定の理由」の書き方

25．[B] 過去の研究に着目した設定理由の書き方

(1) 過去の研究への着目の仕方の2タイプ

過去の研究への着目の仕方には，次の2タイプがあります。

> A：自分自身の過去の研究に着目する。
>   →例えば「研究の積みあげから」という項目になります。
> B：自分の研修主題に関する，他人の先行研究に着目する。
>   →例えば「先行研究の分析から」という項目になります。

Bについては20項「説得力のある文にするために」で触れていますので，ここではAについて述べます。

(2) 自分自身の過去の研究に着目する

「自分自身の過去の研究に着目する」というと難しいことのように感じられますが，そんなことはありません。例えば，次のような場合があります。

　ア．同じ研究主題で研究を継続している場合
　イ．初任者研修（課題研修）の内容を継続している場合

基本的な記述パターンとしては，次のようなものです。

> ①これまでの研究の成果を述べる。
> ［例：○○年度，研究主題「………」を設定して研究に取り組んだ。その結果，次のようなことが明らかになった］
> ②これまでの研究の課題を述べる。
> ［例：しかし，……という課題が残った（…は明らかにできなかった）］
> ③主題との関連，主題の重要性を述べる。
> ［例：そこで，……に着目し，……を目指す本研究は，これまでの研究を継続・発展を図る上で意義深い］

「ア」で，複数年に渡って研究を継続している場合は，（①成果），（②課題）を表に整理する表し方もあります。なお，「ア」の場合，必ずしも同一研究主題である必要はありません。目指す子どもの姿にある程度の共通性があれば，

25. ［B］過去の研究に着目した設定理由の書き方

継続した研究として考えてよいと思います。

以下に述べる記述例は，2年目の先生が，初任者研修（課題研修）を継続・発展させて教育論文を書いたときのものです。

（3） 記述例（主題：本と豊かにかかわる子どもを育てる国語科学習指導，副主題「多読→交流」を位置づけた発展学習を通して　図3-2，3-15参照）

「研究の積み上げと本学級の子どもの実態から」
（注：学級の実態と組み合わせている点が，この先生が工夫している点です）

　昨年の課題研修でも，研究主題「本と豊かにかかわる子どもを育てる国語科学習指導」を設定し，……（中略）……を位置づけ，次のような実践を行った。
（中略：実践概要を示す表）

　課題研修での研究を通して，子どもの姿として，以下のような成果を得ることができた。……………………………………………………（①成果）

・物語を中心に，たくさんの本とかかわる機会を設けたことで，子どもの本に対する抵抗力が減り，本を楽しく読むことができるようになったこと。
・本の楽しさを友達に伝えることができるようになったこと。

　しかし，子どもたちの手にしている本の種類を見ると，動物が好きな子どもは動物のお話ばかり読むといった偏りが生じており，好んで読むジャンルは，動物，スポーツ，冒険ものなどであった。そのため，本を読んで，楽しさやおもしろさを感じることはできているが，本から得たことを自分の生活の中に取り入れるという面があまり見られなかった。……………（②課題）

　また，一学期に行った読書アンケートでも……中略……ことがわかった。
　そこで，本年度，四年生になった子どもたちを，読書への興味・関心をもとに読書範囲を広げ，読書を通して得たことを自分の生活へ活用していこうとする子どもに育てたいと考え，本研究主題を設定した。

　このことは，本学級の子どもたちの読書生活を向上させるとともに，課題研修の内容を継続・発展させていく上で意義深い。
………………………………………………（③主題との関連，重要性）

49

26．［C］教科等の目標や方向性に着目した設定理由の書き方

（1） 解説（文部科学省）を熟読し，研究主題との関連を見い出す

　教科等の目標や方向性に着目する際の項目には，大きく次の3つがあります。

ア．○○科の目標（ねらい・本質）から
　　※研究主題が，その教科等の目標そのものと強く関連している場合
イ．○○科の□学年の目標（内容）から
　　※研究主題が，教科等の学年の目標や内容と強く関連している場合
ウ．○○科改訂の要点から（今後の○○教育の方向から）
　　※研究主題が，その教科等の改訂の要点と強く関連している場合
　　　この項目は，指導要領が新しくなってから年数が経つと，内容に新鮮味がなくなってきます。

　自分の研究主題が，ア～ウのどの部分と関連が強いのかは，文部科学省から出ている各教科等の解説を熟読して判断します。
　記述の基本パターンは，次のようになります。
　①目標や改訂の要点の引用（必要に応じて傍線を引く）
　②主題との関連（どのように研究主題と関連しているのか記述する）
　例えば「ア」では，次の記述パターンが考えられます。

○○科の目標は△△である。……………………………………（①引用）
　（○○科は△△を目指す教科である）
　（○○科では△△ことがねらいして掲げられている）
つまり，△△ことが大切である。
　※「つまり」以下で，自分の研究主題と結びつく部分が強調できるように
　　言い換える書き方もあります。
そこで，△△していく本研究主題は，○○科のねらいと合致するものである。
（○○科本来のもつ意味からも重要であると考える）……（②主題との関連）

---

26. ［C］教科等の目標や方向性に着目した設定理由の書き方

（2）「イ」の例（主題：実生活とのかかわり深める社会科学習　15項，17項参照）

「中学年社会科学習のねらいから」（注：学年の目標との関連での記述例）
　小学校学習指導要領社会では，第3学年および第4学年の一つ目の目標として，「地域の産業や消費生活の様子，人々の健康や生活を守るための諸活動について理解できるようにし，地域社会の一員としての自覚をもつようにする」と書かれている。……………………………………………（①引用）
　本研究では目指す実感性とは，社会事象を支える人々の工夫や努力，協力を「なるほど」「すごい」と驚きや感動をもって理解することであり，これは，上記の目標の理解部分（傍線部分）と深く関わっている。
　また，生活関連性，態度化に着目し，地域の社会事象と実生活との関連を重視して自分なりの働きかけを高めていこうとすることは，上記の目標の態度面（波線部分）と深く関わっている。
　このように，本研究主題は，中学年社会科学習のねらいに合致したものであり，中学年社会科のキーワードである「地域」に密着した学習指導を進めていく上で意義深いと考える。……………………（②主題との関連）

　研究主題を，目標（ねらい）と直接関連づけることが難しい場合は，上記で実感性，生活関連性，態度化と中学年社会科学習のねらいを関連づけているように，「主題の意味」の中で述べた細分化した具体的な子ども像レベルで，目標との関連を述べることもできます。

（3）「ウ」の例（主題：子ども自らが達成感を味わう体育科学習　15項，17項参照）

「体育科改訂の要点から」
　小学校学習指導要領解説体育編には，体育科改訂の要点の三点目として，次のことがあげられている。
　③自分やチームの力に合った運動の課題をもち，その課題の解決を目指して活動を考えたり工夫したりすることができるようにすること。（①引用）
　このことは，本研究で目指す，めあて意識をもって，達成のための工夫を行い，達成経験を味わっていく子ども像と相通じるものである。
　つまり，本研究は，これからの体育科教育の方向と結びつくものである。
………………………………………………………………（②主題との関連）

第4章 「主題設定の理由」の書き方

27．[D] 教育全体の大きな流れに着目した設定理由の書き方

（1） 各種答申等の内容に，研究主題との関連を見い出す

　文部科学省からは，各種答申等，さまざまな情報が出されています。

　例えば，「中央教育審議会答申」や「教育課程審議会答申」「学びのすすめ」などは，今後の教育の方向を示すものですから，これらの内容をタイムリーに取り上げて，研究主題との関連を見い出すことは，論文を価値づける上で意義のあることです。

　ここでの基本パターンも，**①引用→②主題との関連**です。

（2） 記述例（主題：文章問題を解決する力を育てる算数科学習指導，副主題：多様な学習形態を取り入れたきめ細かな指導を通して）

「今後の教育の方向（『学びのすすめ』との関連）から」

　平成14年1月に文部科学省から出された，「学びのすすめ」には，確かな学力の向上のための方策として，次の5つが示されている。……（①引用）

1．きめ細かな指導で，基礎・基本や自ら学び自ら考える力を身につける。
2．発展的な学習で，一人一人の個性等に応じて子どもの力をより伸ばす。
3．学ぶことの楽しさを体験させ，学習意欲を高める。　　（4，5…略）

　本研究主題は「学びのすすめ」1～3と特に関連が深い。

　<u>まず</u>，きめ細かな指導を重視して文章問題を解く力（考える力）を育てる点は，「1」<u>と合致する</u>。

　<u>また</u>，本研究主題で取り扱う「多様な学習形態」には，習熟度に着目した「習熟度型」を位置づけており，学習を応用して発展的な課題に挑戦するコースも想定している。これは「2」<u>の内容そのものである</u>。

　<u>さらに</u>，本研究主題では，自信や，わかったという実感（情意面）も重視している。このことは，「3」<u>と相通じるものである</u>。

　<u>以上のことから</u>，本研究主題は，今後の教育の方向を見据えたものであり，確かな学力の向上を<u>目指す上で意義深いものと考える</u>。

　　　　　　　　　　　　　　　　　　　　　　　　　　　（②主題との関連）

28．［E］その他，環境等に着目した設定理由の書き方

（1） 研究主題と子どもを取り巻く環境との関連を考慮して

　主題設定の理由の項立てとして，もうひとつ考えられることは，子どもを取り巻く環境に着目して，研究主題の重要性を述べることです。

　例えば，次のような項目が考えられます。

　　ア．社会の要請から
　　イ．地域環境の面から

　「ア」では，社会の状況が～であるから，研究主題が～な点で重要であること「イ」では，地域の環境が～であるから，研究主題が～な点で重要であることを述べることになります。言い換えると，「こんな社会（地域）だからこそ，～な子どもを育てることが大切だ。重要だ」ということを述べるわけです。

（1）「ア」の例（主題：子ども自らが社会事象にひそむ本質に迫る社会科学習）

> 「社会的要請から」
> 　今日，子どもを取り巻く社会は，物が豊富に出回り，さまざまな道具や機器の発達で，生活は大変便利になっている。
> 　しかし，その反面，社会を支えている働く人々の営みの姿がだんだん見えにくくなってきている。つまり，表面だけの豊かさ，便利さに流されている中で，その本質である，本当の役割や働く人々の行為，願いをとらえにくくなっているのである。
> 　このような社会の中においてこそ，社会事象の本質に目を向けさせることは，「生きている人間」に対しての理解を深めさせ，人間性豊かな子どもを育成していく上で重要であると考える。

　「イ」の地域環境の面では，体育科で，子どもが地域で運動を行う場が少ないことを指摘して，目指す姿の重要性を述べる取り上げ方や，総合的な学習の時間で，地域における環境が，目指す子どもを育てる上でいかに適しているか（環境の豊かさ）を述べる取り上げ方などがあります。

コラム4　リフォーム番組に見る，教育論文との共通性

　家のリフォームを取り上げるテレビ番組があります。
　さまざまな構造上の問題点のある家を取り上げ，"リフォームの匠"が，その問題点を解消するために，あっと驚くようなリフォームを行うというものです。いつの頃からか，この番組を見ながら「論文の構成と似ているな」と思うようになりました。番組の流れは，次のようなものです。(番号は，便宜上)
①「現場検証」および「検証結果」
　"リフォームの匠"が，その家をチェックし，問題点を把握します。
　論文では，実態調査などを行って，児童の実態(改善・向上を図りたい点)を把握する部分にあたります。いわば，主題設定の理由(なぜ改善・向上が必要なのか)を明らかにする部分です。
②「リフォームプラン」の提示
　その家を，どのように変えていきたいのかが明らかになります。
　論文では，児童を，どのように変えていきたいのかを明らかにする部分にあたります。いわば，主題の意味(目指す姿)を明確にする部分です。
③「問題解決のためのリフォーム予算」の提示
　番組では，その家の持ち主が支払うことができる予算が示されます。匠は，その予算の中でできるリフォームを考えなければなりません。
　論文では，(記述内容には関係ありませんが)字数，枚数制限にあたります。
④「匠によるリフォーム作業」
　番組では，壁を壊し，床をはがし，室内をすっからかんにしてからリフォームが始まります。<u>リフォームを始める段階では，匠の頭の中には，「どこをどのようにして，全体をこうしよう」</u>という全体の構想があるはずです。
　論文では，研究構想を立て，構想にそって実践を行う部分にあたります。
⑤「リフォーム前・リフォーム後の対比」
　番組では，リフォーム前後が対比され，いかに問題点が解決し，機能的・快適に生活できるようになったかが示されます。
　論文では，実践前後の変容の姿を示す全体考察の部分にあたるといえます。

第 5 章

「研究の目標」および「研究仮説」の書き方

　「研究の目標」と「研究仮説」は，論文の心臓部というべき重要な部分です。
　重要な部分ですが，主題と副主題を記述する際に，その内容とつながり（主題と副主題の関係）をしっかり考えておけば，必要以上に難しく考える必要はありません。
　本書だけでなく，他のいろいろな論文も参考にして，書き方のパターンをつかんで下さい。

第5章 「研究の目標」および「研究仮説」の書き方

29．研究目標の書き方～目的，内容，方法を盛り込んで～

（1） 研究目標の意味

『学校における教育研究のすすめ方』（群馬県教育研究所連盟，1981）には，「研究報告書を見ると研究の目的と研究の目標とを混同している場合が，しばしば見受けられる」として，「研究の目的」と「研究の目標」が次のように整理されています。

「研究の目標」…この研究で何を明らかにし，何を探究しようとするのかを明示したもの。すなわち，研究の内容や方法をしっかりと焦点化するもの。

「研究の目的」…この研究を何に役立てようとしているのかを表したもの。（『実践的研究のすすめ方』（群馬県教育研究所連盟編著，1994）には，研究の目的について「学校における実践的研究においては，指導力の向上や授業の改善が主な目的であるので，一般的には項立てて記述するようなことはしない」と述べられています）

（2） 研究目標設定上の留意点

『改訂新版実践的研究のすすめ方』（群馬県教育研究所連盟，2001）には，研究目標設定上の留意点の1つとして，「目的，内容，方法を盛り込むこと（表記の順序性はない）」が述べられています。そして，基本的な記述パターンとして，次の2つが取り上げられています。

〈例1〉 △△△において（内容：研究対象の分野・領域）○○○○にするために（目的：目指す姿）□□□□することの（方法：投入条件）有効性を明らかにする。

〈例2〉 △△△において（内容：研究対象の分野・領域）□□□□をすれば（方法：投入条件），○○○○になること（目的：目指す姿）を実践を通して明らかにする。

主題と副主題が明確になっておれば，その内容を使って書くことができます。
△△△（内容：研究対象の分野・領域）と○○○○（目的：目指す姿）は，主題から，□□□□（方法：投入条件）は，副主題から取り出します。

30. 研究仮説の書き方
～一般的な仮説モデルにあてはめながら～

　宗像（1950）は「仮説とは平易にいえば研究の見通しである。人が何等かの研究を思い立つとき，その結果について何の見通しも持っていないということはあり得ないと私は考えている」と述べています。
　その見通し（手だて「こうすれば」→目指す姿「こうなるだろう」の関係）を，筋道立てて書くことが大切です。

（1）　一般的な仮説モデル

　『教育研究のすすめ方・論文のまとめ方』（福岡県教育研究所連盟編，1981）には，次の仮説モデルが示されています。これにあてはめて考えるとよいです。②の「手だての工夫」は，「○○を○○すれば」と表現することもできます。

「○○において，　○○を○○することによって，　○○なるであろう」
①場，内容等　　　　②手だての工夫　　　　③ねらい，めざす子ども像
↑　　　　　　　　　　↑　　　　　　　　　　↑
研究対象の限定　　　研究のポイント　　　　検証方法の確立

　③で「検証方法」が出てくるのは，目指す子どもの姿が明らかになることによって，検証方法を明らかにすることができるという意味です。
　なお，『学校における教育研究のすすめ方』（前頁参照）では，②を「投入条件」（研究の方法，手だて）と呼んでいます。

（2）　仮説の機能

　上述の『教育研究のすすめ方・論文のまとめ方』では，上記の仮説モデルを踏まえ，仮説の機能を次の3点から整理しています。
　①どこで（対象，場）…研究の領域を限定する。
　②何をどのようにすることによって（内容・方法上の工夫）…研究の重点を決め，集中させる。
　③どう現状を変えようとするのか（子どもの変容の姿）…研究の結果を予測し，筋道を立てる。

31. 仮説を書く際の留意点1
～主題との関連を意識して具体的に～

（1） 仮説モデルをもとに，自分なりの味つけをする
　研究仮説は，基本的には，以下のような仮説モデル（前頁にも示しています）にあてはめて考えるとよいのですが，次のことも念頭に置いておくとよいでしょう。

> 「○○において，○○を○○することによって，○○なるであろう」
> ①場，内容等　②手だての工夫　　　　　③ねらい，めざす子ども像

（2）　[②「手だての工夫」について]
ア．「工夫」「適切」という言葉は，安易に使わない。
　研究仮説を読むと，次の波線部のように，単に，副主題と主題をつなげただけの記述を，見受けることがあります。
　「…（副主題）…を工夫すれば……（主題）…だろう」
　「…（副主題）…を適切に行えば…（主題）…だろう」
　ところが，大切なことは，
　「どのように工夫するのか」「『適切に』とはどのようにすることなのか」なのです。仮説が具体化されていないと，このような記述になりがちです。
　②「手だての工夫」は，研究のポイントとなる重要な点ですから，できるだけ具体化しておくことが望まれます。

イ．具体化した内容は，箇条書きする。
　上の「ア」と関連しますが，「手だての工夫」を具体化した内容を入れようとすると，文が長くなってしまいます。そこで，例えば以下のように書いて，「……」の部分を，後に箇条書きするのです。
「次の○点に着目して……を行えば…」「…を，次の○点に着目して行えば」
「次の○点から，……を工夫すれば…」「…を，次の○点から工夫すれば」
　箇条書きを用いると，具体化した「手だての工夫」を仮説の中に盛り込むことができますし，読み手にわかりやすく表現することもできます。

31. 仮説を書く際の留意点1

　箇条書きで表す内容は，次の「研究構想（仮説実証の方途）」の内容と整合性をもたせる必要があります。ですから，箇条書きの部分を書く際には，次のいずれかの書き方をして，「研究構想」の内容との整合性をもたせて下さい。
・「研究構想」でどのようなことを書くかを念頭に置いて書く。
・「研究構想」を書いた後に，その内容に合わせて仮説を書く。

（3）[③「ねらい，めざす子ども像」について]
　「主題の意味」の中で細分化した子ども像を入れて記述する。
「○○なるであろう」の部分のことです。この部分は，研究主題として掲げている姿を入れればよいのですが，さらに具体化した記述にするためには，「主題の意味」の中で細分化した子ども像のキーワードを入れるとよいのです。

　〈例〉主題：実生活とのかかわりを深める社会科学習（15，17項参照）
　　　　「主題の意味」の中で細分化した子ども像は，実感性，生活関連性，態度化の3つでした。
　　主題に掲げている子ども像のみを入れた研究仮説（③の部分のみ）
　　　「……れば，実生活とのかかわりを深めていくことができるであろう」
→　「主題の意味」の中で細分化した子ども像を入れた研究仮説
　　　「……れば，**実感性，生活関連性，態度化を高め**，実生活とのかかわりを深めていくことができるであろう」※目指す姿がさらに具体化します。

（4）[②「手だての工夫」→③「ねらい，めざす子ども像」のつながりについて]
　その手だてを行うことが，主題の具現化にどのように関係するのか（どのようにつながるのか）を意識して記述する。
　これは，研究（仮説）の骨子に関わる重要な点です。
　ただし「副主題（サブ・テーマ＝手だて）」について記述する際に，副主題（手だて）の「内容」「価値」「主題との関係（その副主題を行うことが，主題の具現化にどのように関係するのか）」についてきちんと整理しておけば，ここで改めて記述する必要はありません。（21項「副主題（サブ・テーマ）の書き方」参照）
　もちろん「仮説の意味」「仮説設定の理由」という項を起こして，手だての内容・価値と，主題（目指す子ども像）との関係を記述する書き方もあります。

第5章 「研究の目標」および「研究仮説」の書き方

32. 仮説を書く際の留意点2 〜推敲例に基づいて〜

(1) 例1　体育科教育に関する教育論文から

●**推敲前原稿（初稿）**
主　題：子どもが達成感を味わう体育科学習
副主題：「試技（試合）→練習→試技（試合）」のサイクルを重視した単元構成
研究仮説：個人種目（走り幅跳び）と集団種目（バスケットボール）の2つの内容において，以下の3点に着眼した指導を行えば，達成感を味わう子どもを育てることができるであろう。
(1)単元の学習指導過程の工夫
(2)試技（試合），練習の場における支援
(3)自己評価を取り入れた学習ノートの工夫

[**推敲前原稿（初稿）へのコメント**]

　(1)はもっと具体的に書く必要があります。副主題が単元構成に関する内容ですので，(1)は副主題の内容を使って書くとよいです。
　自己評価を大切にするのであれば，副主題にも位置づけ，(2)と(3)を，自己評価でくくって1つにまとめる書き方もあります。
　「〜を行えば」の後には，細分化した子ども像を入れると具体化します。
　なお，仮説とは関係ありませんが，主題に「自ら」を挿入し「子ども自らが」とした方が，自己評価とも結びついて，子どもが主体的に活動する姿が伝わってきます。

◎**推敲後原稿（完成論文）**
主　題：子ども自らが達成感を味わう体育科学習（図3-9，17項参照）
副主題：自己評価を取り入れた「試技（試合）→練習→試技（試合）」のサイクルを通して
研究仮説：個人種目（走り幅跳び）と集団種目（バスケットボール）の指導において，以下の2点に着眼した指導を行えば，めあて意識，達成への工夫，達成経験を高めながら，達成感を味わうことができるであろう。
(1)「試技（試合）→練習→試技（試合）」のサイクルを位置づけた単元の学習指導過程の工夫
(2)自己評価を取り入れた試技（試合），練習の場における支援

（2） 例2　国語科教育に関する教育論文から

●推敲前原稿（初稿）
主　題：本と豊かにかかわる子どもを育てる国語科学習指導
副主題：多読（複数教材）と伝える活動を位置づけた単元構成の工夫を通して
研究仮説：①教科書教材を中心教材として内容に親しみ，②多読（複数教材）と伝える活動を位置づけた学習過程を仕組み，③複数教材の選定の視点を工夫することで読書範囲を広げ，④日常の読書指導や読書環境の充実・整備を行うことにより読書の日常化を図れば，本と豊かにかかわる子どもを育てることができるであろう。

[推敲前原稿（初稿）へのコメント]

　①〜④は，どれも大切ですが，手だてとねらい（波線部）がセットになっている項目（①，③）と，そうでない項目（②，④）が混在しているので，内容を整理した方がよいでしょう。その際，①→②は，学習過程として順序性がありますので，①と②をまとめてみてはどうでしょうか。

　例えば，教科書教材を中心教材とした学習を「基礎学習」，多読（複数教材）と伝える活動を「発展学習」として意味づけると，単元の学習過程を表現しやすくなりますし，論文の主張点が明確になります。

　整理した内容は，箇条書きで項目立てて表現すると，読み手にとってわかりやすくなります。なお，学習（活動）の意味づけが変わると，副主題の言葉も変わってきます。

　前頁の例1と同様に「〜を図れば」の後には，細分化した子ども像を入れると，目指す子どもの姿が，さらに具体化します。

◎推敲後原稿（完成論文）
主　題：本と豊かにかかわる子どもを育てる国語科学習指導（変更なし）（図3-2，3-15参照）
副主題：「多読→交流」を位置づけた発展学習を通して
研究仮説：国語科学習において，次の2点に着目した「多読→交流」を位置づけた発展学習を行えば，読書に興味・関心をもち，いろいろな本を読んで本を自分の生活の中に積極的に取り入れていこうとする，本と豊かにかかわる子どもを育てることができるだろう。
(1)基礎学習と発展学習「多読→交流」における学習指導過程と手だての明確化
(2)多読における本を選択する際の類型の設定

コラム 5　他の先生の論文を読んで, 論文の書き方を学ぶ

　論文の書き方を学ぶ方法の1つとして, 他の先生の論文を読む方法があります。都道府県単位や地区単位で論文募集が行われた場合, 優れた論文が論文集としてまとめられることがありますので, 活用するとよいでしょう（何かの書物で読んだのですが, 鑑定士の修行法は, 玉石混淆のものを見るのではなく「良い物だけを見る」のだそうです）。

　優れた論文からは, 次のようなことを学ぶことができます。
　　①項立ての仕方
　　②文章（内容）の書き方
　　③論構成の仕方（内容のつながり）

　①は, 目次を見ればわかりますし, ②は, 自分が書き方を知りたい部分にしぼって読めばわかります。ある程度熟読しないとわからないのが, ③です。

　では, ③を学ぶために読む時, どのような読み方をすればよいでしょうか。

　河口俊彦（プロ将棋棋士）は, 著書『将棋界奇々怪々』（1996）の中で, 次のように述べています。次のように読み替えてみて下さい。

　　　棋譜→論文　　並べる→読む　　指す→書く　　対局者→執筆者

　　「そこで, 勉強といえば, 棋譜を並べることになるが, これだって, 強くなろうと思えば楽ではない。棋譜を手に, さらさらと並べて, なるほどこう指すのか, なんて言っている分には楽だが, これでは強くならない。そういう並べ方は, 詰将棋の答えをすぐ見てしまうのと同じで, 死んだ棋譜を見ることになる。そうではなく, 急所の場面では, 手を止めて, 自分ならどう指すかを考え, 結論を出して実戦の指し手を見る。すると, 対局者がどんなことを考えていたかがわかるのである」

　つい, さらっと目を通してしまいがちですが, 時間があれば, 次の項目を読む前に"自分ならどんなことを書くか"を考えてみてはどうでしょうか。

［例］・主題の意味から副主題の意味に行く前に（つながりを考える）
　　　・研究仮説を読む前に（大まかな内容・柱立てを考える）
　　　・研究構想を読む前に（柱立てを考える。柱立てを見て内容を考える）

第6章

「研究の構想」の書き方

　「研究仮説」までたどりつき，ちょっと一息…というところですが，次の「研究の構想」で「何を書いたらいいのか」と結構悩むものです。
　実践への橋渡しをする部分なので「どんな実践をするのか，したいのか（したのか）」について，具体的なイメージを思い描きながら，具体化のための方略を書くとよいでしょう。
　もちろん「研究仮説」とのつながりも重要です。

33. 研究構想の書き方1
〜仮説に手だての箇条書きがある場合〜

　上のタイトルでは,「研究構想」としていますが,「(研究の) 具体的構想」ということもあります。また,「仮説実証の方途」ということもあります。
　ここでは,「研究構想」という言葉を使って説明することにします。
　いくつかの柱（項）を立てて記述しますが,項立ての際のポイントは,「**仮説」の内容と対応させる**ということです。
　31項で,仮説で箇条書きの部分の書く際には,下のいずれかの書き方をして,「仮説」と「研究構想」との整合性をもたせることを述べましたが,このことと関連しています。
　・「研究構想」でどのようなことを書くかを念頭に置いて書く。
　・「研究構想」を書いた後に,その内容に合わせて仮説を書く。

(1)　「仮説」において「手だての工夫」の内容を箇条書きしている場合

　基本的に,箇条書きしている内容が,そのまま「研究構想」の柱（項）になります。もちろん,語尾や言い回しが変わることはあります。
　32項の(2)の「本と豊かにかかわる子どもを育てる国語科学習指導」を例に述べますと,仮説で箇条書きをしている「手だての工夫」の内容は次のようになりますので,実際の研究構想の柱（項）立ては,例えば枠囲みで示したようになります。

(1)基礎学習と発展学習「多読→交流」における学習指導過程と手だての明確化
(2)多読における本を選択する際の類型の設定

⇩

---
(1)基礎学習と発展学習「多読→交流」における学習指導過程と手だてを明らかにする。
(2)多読において本を選択する際の類型を設ける。

---

　(1),(2)について,補足します。（類型については,39項でふれます）

(2)［補足］研究構想の構成要素について

(1)では，"学習指導過程（活動）"と"手だて（支援）"に着目しています。また，この研究では，多読で子どもが手にする本が"教材"となりますので，(2)では，"教材"に着目していることになります。

このように，"学習指導過程（活動）""手だて（支援）""教材"の3つが，研究構想の構成要素となることが多いようです。もちろん，3つが必ず入る必要はありません。副主題で主張すべき内容によって変わります。

なお，これらの要素が出てくる順番に決まりはありません。サブテーマや仮説での述べ方との関連で，順番は明らかになってくると思われます。

また，(1)，(2)の例のように，3つの要素があるからといって，項目の数も3つにする必要はありません。"学習指導過程（活動）""手だて（支援）"をセットにした表記は，よく見かけます。

では，なぜ，研究構想の構成要素として，"学習指導過程（活動）""手だて（支援）""教材"の3つを取り上げることが多いのでしょうか。

宮田（2001）の授業の構成要素に関する図6-1をもとに考えてみました。

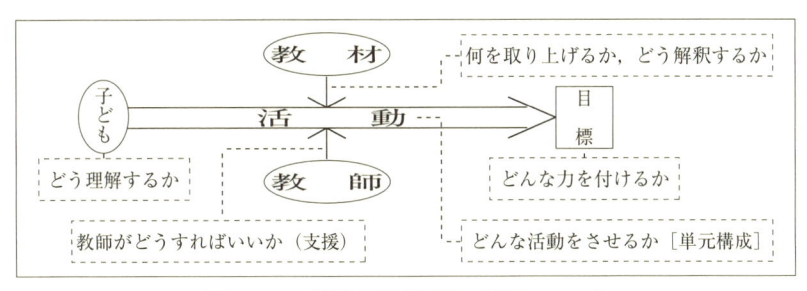

図6-1　授業の構成要素（宮田，2001）

教育論文において，子どもをどう理解するかは「主題設定の理由」の中で，どんな力をつけるか（目指す姿）は「主題の意味」の中で記述します。

すると残るのは，**教材**（何を取り上げるか，どう解釈するか），**活動**（どんな活動をさせるか［単元構成］…これは学習指導過程にあたる），教師による**支援**の3つになります。これらは，授業を構成する上での重要な要素です。

ですから，これらの3つが，研究構想の構成要素として取り上げられ，具体化されて記述されることが多いのではないでしょうか。

34. 研究構想の書き方2
　　～仮説に手だての箇条書きがない場合～

　この場合も，基本は［「仮説」の内容との対応］です。下の例を見て下さい。

> 主　題：豊かな文章表現力を育てる第3学年国語科学習指導
> 副主題：合科的視点を取り入れた体験的取材活動を通して
> 研究仮説：単元の学習指導過程「であう」「つかむ」「あらわす」「いかす」の「つかむ」段階において，合科的視点を取り入れた体験的な取材活動を位置づければ，自分の経験の中から書きたい中心をはっきりさせながらその時の自分の考えや様子を表す言葉を取り出して（質的側面），さまざまな材料を集めることができ（量的側面），豊かな文章表現力が育つであろう。

　副主題の「合科的視点を取り入れた体験的取材活動」が，研究仮説では波線部に位置づけられています。ポイントは，波線部を授業の中で，どう具体化するかです。その具体化の方法を「研究構想」に書くことになります。
　この論文の「研究構想」は，次のような3つの柱（項）立てがされています。

> (1) 合科的視点を取り入れた題材の教材開発を図る。
> 　　　国語科の年間指導計画と他教科の年間指導計画の照らし合わせ
> 　→作文学習と組み合わせることのできる体験の掘り起こし
> 　→合科的合科的視点を取り入れた作文の年間指導計画の作成
> (2) 合科的視点を取り入れた体験的取材活動を位置づけた作文学習指導過程を設定する。
> 　　　「であう」「つかむ」「あらわす」「いかす」段階における活動の具体化
> (3) 合科的視点を取り入れた体験的取材活動における手だての工夫をする。
> 　　　つかむ段階への2つの活動の位置づけ
> 　・実際に体験的取材活動を行う「さがす」活動
> 　・取材活動の結果を深めたり，広げたりする「見直す」活動
> 　※それぞれの活動における内容と手だての具体化

この例では,「合科的視点を取り入れた体験的取材活動」という「活動」が副主題になっており,仮説の中心になっています。

この「活動」を具体化するためには,以下のようなことを検討しながら,前頁の(1)〜(3)が導き出されたわけです。

・どんな題材(教材)で
・どんな学習指導過程で
・どんな点に留意しながら指導していけばよいか

具体的には,「(3)合科的視点を取り入れた体験的取材活動における手だての工夫をする」での「見直す」活動では,次の表6-1のような内容と手だてがあげられています。

表6-1 「見直す」活動における内容と手だて

活動の内容	効果的に行うための手だて
①取材メモの中から自分が書きたい内容をしぼり,メモの内容を取捨選択する。(メモの焦点化) ②焦点化したメモに付け加えることがあるかどうかを見直し,付加を行う。(メモの多面化) ③多面化したメモを並び替え,どういう順序で書くか決める。	メモの焦点化において 　絵図にはった取材メモをもとに,必要ないメモや同じことがないかどうかを調べさせる。 メモの多面化において 　体験的取材活動の様子を,模擬的に再現する場を設定する。

このように,「活動」が中心になっている場合は,どんなことをする活動なのかという「活動の内容」と,そのための「手だて」がきちんと整理されておくことが大切です。副主題によっては,段階ごとに必要になります。

また,上のように表にまとめると見やすくなります。表や図をうまく使って自分が主張したいことを読み手にわかりやすく表現して下さい。表や図に整理することで,自分の頭の中も整理することができます。

余談ですが,この例であげた主題「豊かな文章表現力を育てる第3学年国語科学習指導」には,「豊かな」という修飾語がついています。「豊かな〜」「〜を豊かにする」という場合,「豊かさ」を質的な側面と量的な側面からとらえて,目指す子どもの姿として具体化することが多いようです。この論文を書いた先生も,「豊かな文章表現力」を質的な側面と量的な側面からとらえて,具体化しています(前頁の研究仮説を参照)。

35. 研究構想の書き方 3
～柱（項）立てのさまざまなバリエーション～

（1）「活動構成」が副主題に位置づけられている場合（例）（21項参照）

> 主　題：問題解決力を養う第3学年社会科導入期における指導法の研究
> 副主題：生活科との接続・発展を重視した活動構成を通して
> 研究仮説：社会科導入期の指導において，次のような生活科との接続・発展を重視した単元の活動構成を図れば，問題の発見・仮説の認識・活動の喚起・活動の実行を行うことができ，問題解決力を育成できるであろう。
> ○具体的な活動や体験を学習指導過程に位置づける。
> ○自分らしさを大事にした個性的な追究活動を学習指導過程に位置づける。

　この論文の「研究構想」は，次のような内容になっています。
1) 具体的な活動や体験と個性的な追究活動を支えるための条件を明確にし，教師の支援内容を明らかにする
　①具体的な活動や体験における条件と支援（表6-2参照）

表6-2　具体的な活動や体験における条件とその支援

	活動の条件	支えるための支援
内容面から	○生活経験や学習経験がもとになっている活動であること	子どもの生活経験や学習経験についての実態調査…①
	○学習のねらいに合った活動であること	その活動を行うことで，学習の目的が達成できるかを検討する活動分析…②
方法面から	○見たり聞いたり等，体を動かすことができる活動であること	複数教師によるTT支援，活動時間の確保，見学先の事前打ち合わせ…③

　②個性的な追究活動における条件と支援（表6-3参照）

表6-3　個性的な追究活動における条件と支援

個性的な追究活動における**条件**	支えるための支援	
○自分で調べる問題を自分で見つけることができる。	事象への身近さを感じ，ねらいにあっためあてをもてるような資料の準備…④	⑥の追究表の**内容条件**　基本項目　・自分が調べる問題　・見通し・調べた結果
○自分の問題に対し，自分なりに「〜ではないか」という見通しをもつことができる。	見通しが，単なる思いつきではなく生活経験や学習経験と結び付いた内容にするための資料の準備…⑤	⑥の追究表の**方法条件**　毎時間，その都度，子どもが書き込んだり，自分の追究過程をふり返ったりすることができるようにする。
○自分の問題と見通しを常に意識しながら追究できる。	自分の追究の過程を書き込んでいくことができる追究表の準備…⑥	

2）具体的な活動や体験と個性的な追究活動を重視した単元の活動構成をする
（略）

この研究構想例では，仮説の箇条書き部分（2点）に共通する内容として，構想の1），2）があげられています。

また，1）の①には，活動の条件として「内容面から」「方法面から」の2つの項目があり，2）には，「内容条件」「方法条件」という項目があります。

このように，メインとなる活動のあり方を，「内容条件」と「方法条件」の2側面から明確にすると，論が具体的になり，実践におろしやすくなります。

（2）「学習形態」が副主題に位置づけられている場合（例）（15項，18項参照）

主　題：数理を追究する楽しさと充実感を味わう第3学年算数科学習
副主題：自己選択学習を支援するティーム・ティーチング（T．T）を通して
研究仮説：算数科の学習指導において，次の2つの条件をもつ，自己選択学習を支援するT．Tを行えば，子どもは，学習内容を理解しながら"楽しさの実感""理解の実感""自信の実感"を高め，楽しさと充実感を味わうことができるであろう。
［条件1］数理の生成発展の過程，「基礎→発展→統合」の3段階に基づいて学習単元を構成する。
［条件2］学習の目的に応じた自己選択の場とそれを支援するT．Tを位置づけた1時間の学習過程のタイプを設定する。そのタイプを学習単元の中に組み込み，指導を積み上げる。

この論文の「研究構想」では，［条件1］，［条件2］について，それぞれを実践レベルに具体化した内容を記述しています。
［条件1］に対応して，「基礎→発展→統合」の内容と階層の具体化
［条件2］に対応して，学習の目的に応じた自己選択の場とそれを支援するT．Tを位置づけた1時間の学習過程の2つのタイプ（A・B）の具体化

つまり，「学習形態」を副主題に位置づけているので，以下のようなことを「研究構想」の中で具体化しているわけです。

- ・どんな単元の学習指導過程に
- ・どのような目的（よさをもって）で
- ・どんな学習形態を
- ・どのように位置づけるか

36. 研究構想における「教材」に関する内容の具体化例

　33項の補足で述べましたように，研究構想の構成要素としては，"学習指導過程（活動）""手だて（支援）""教材"の3つを取り上げることが多いです。
　そこで，このページでは，研究構想における"教材"に関する内容の具体化例をいくつか述べます（"学習指導過程（活動）""手だて（支援）"については，次項以降で取り上げます）。
　研究構想での"教材"に関する内容としては，次のようなものがあります。

A：教材開発　　　B：教材化　　C：（教材研究を通した）目標設定

（1）　A：「教材開発」について

　教材開発とは，身の回りから教材として取り上げるものを見つけ，取り出すことです。取り出し方としては，各種書物や新聞，インターネットを見ることなどがあげられます。教科によっては，実際に見に行ったり，話を聞いたりすることも必要です。

　教材開発で重要なことは，取り出すための視点（条件）を明確にもっておくことです。例えば，34項の「豊かな文章表現力を育てる第3学年国語科学習指導」の「(1)合科的視点を取り入れた題材の教材開発を図る」では，作文学習と組み合わせることのできる体験の掘り起こしを行っていますが，その際の視点（条件）は，次の2つでした。

　　①国語科以外で，実際に自分の五感を働かせ，見たり聞いたり作ったりする活動
　　②活動を行うことによって，その作文単元におけるねらいを達成するための取材を行うことができる活動

　視点（条件）に基づいて取り出した教材と，取り出した理由（よさ）については，構想の中で述べてもよいですし，実践の中で説明してもよいです。

（2）　B：「教材化」について

　教材開発と似た言葉に，「教材化」があります。教材化も教材開発と同様に，ある視点をもって行われます。よって，教材開発と同義で使われることもあり

ますが，次のように説明する先生もいます。
「その視点が，学習過程の中に順序づく場合が，教材化である」
（視点が順序づいていたり，あるつながり（構造）をもっていたりする場合）

具体例として，主題「子ども自らが社会事象にひそむ本質に迫る社会科学習」における研究構想の一項目として，「社会事象を，役割・行為・願いの3つの視点から解釈し，単元構成を工夫する」場合を述べます。

この場合の「役割」とは，社会事象の機能，重要性の側面です。「行為」とは，働く人々による環境へのさまざまな働きかけの側面です。「願い」とは，働きかけの動機となるエネルギー，考えの側面です。

具体的事例からこの3つの視点の内容を取り出し，例えば，「役割→行為→願い」という順序で追求させていくような単元構成を行うことは，教材化ということができるでしょう。

（3） C：「(教材研究を通した) 目標設定」について

教材研究を通した目標設定を行うことは，主題で掲げた子ども像が，実践の中でどのような姿で現れるのかを具体的に明らかにする上で大切です。

そこで，各視点（子どもの姿でいえば「特性」）における目指す姿の設定手順を明記することがあります。下の図6-2は，「実生活とのかかわりを深める社会科学習」における目標設定に関わる研究構想の一部です。

「実感性」「生活関連性」「態度化」が，具体的事例（社会事象）から内容を取り出す際の視点であるとともに，目標設定の視点にもなっているわけです（図3-10，17項参照）。

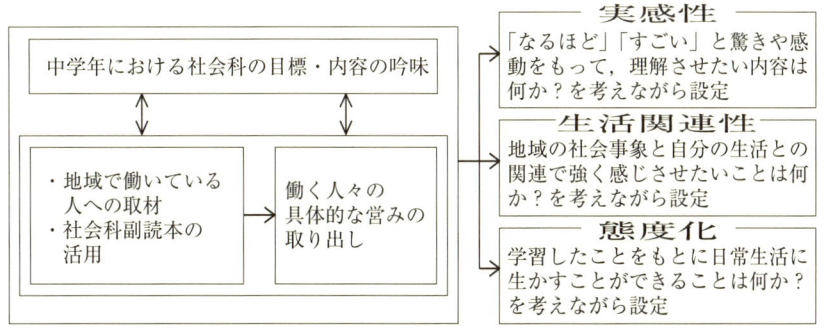

図6-2　教材研究を通した，各特性における目指す具体的な姿の設定手順

37. 研究構想における「学習指導過程」に関する内容の具体化例

　前頁からの順序でいえば，研究構想の構成要素から"学習指導過程（活動）"を取り上げてその具体的内容について紹介するところですが，研究構想として項立てする場合は，"学習指導過程（活動）"と"手だて（支援）"をセットにして1つの項目にまとめて表すこともよくあります。

　よって，ここでは"学習指導過程（活動）"と"手だて（支援）"をセットした場合の表現の仕方について紹介します。

（1）　主題「子ども自らが社会的事象にひそむ本質に迫る社会科学習」における例

　副主題：一連の体験的活動の組み入れ方の工夫を通して
　研究仮説：（略）
　研究構想：(1)社会事象を，役割・行為・願いの3つの視点から解釈し，単元
　　　　　　　構成を工夫する（前頁参照）。
　　　　　　(2)一連の体験的活動を組み入れた学習指導過程の工夫をする。

※(2)の具体的記述

　自分の身の回りの社会事象をじっくりと「みつめる」段階から，社会事象を支えている人々の行為や願いを「つかむ」段階，さらに，追求してきたことをもとに，自分の生き方に「いかす」段階へと高まる学習過程を構成する。
　そして，次に示すように，3つの段階に一連の体験的活動を位置づける。
　これを表すと，次のようになる。

学　習　活　動	指導上の留意点と体験的活動の位置づけ
（略）	（略）

【解説】
　上の表の左側で，単元の学習指導過程（学習段階）を述べ，右側で，留意点（手だて）と本研究の中心的着眼点である体験的活動の位置づけについて述べるような形式になっています。つまり，(2)の項目で，学習指導過程（活動）"と"手だて（支援）"をセットにして表現しているわけです。

37. 研究構想における「学習指導過程」に関する内容の具体化例

また，左の頁の表は，次のような形式にすることもできます。

段階と体験	体験の内容	体験を効果的に行うための支援
（略）	（略）	（略）

これ以外にも，いろいろな形式の副主題（サブ・テーマ）の内容に合わせて，表が考えられます。先生方も，自分の副主題（サブ・テーマ）の内容に合わせて，わかりやすい形式を考えてみて下さい。

同じ内容でも，表に整理することで，かなり読みやすくなります。

なお，この研究構想では，単元の学習段階が「みつめる→つかむ→いかす」となっています。この段階の名前は，自分で好きにつけてよいわけですが，「何を『みつめる』のか，『つかむ』のか，何に『いかす』のか」を，主題で目指す子どもの姿に合わせて考えておく必要があります。

（２）主題「本と豊かにかかわる子どもを育てる国語科学習指導」における例

副主題：「多読→交流」を位置づけた発展学習を通して（32項（２）参照）

研究仮説：（略）

研究構想：(1)基礎学習と発展学習「多読→交流」における学習指導過程と手だてを明らかにする。

(2)多読において，本を選択する際の類型を設ける。

※(1)を示した表の形式

基礎学習における学習過程と手だて	「多読」における学習過程と手だて	「交流」における学習過程と手だて
1. （略）	1. （略）	1. （略）

【解説】

基礎学習，「多読」「交流」の３つの枠を設け，それぞれの枠の中に，それぞれの学習過程と手だてを表現する形式になっています。

この先生は，学習過程と手だての見分けがしやすいように，手だての部分に「※」をつけ，特に強調したい手だてはゴチック体で表していました。

字体を変えるということは，ちょっとした工夫ですが，強調点を明確にする上では効果的な工夫です。特に，上のように，１つの枠の中に違う２つの内容を書く際に，一方の内容を目立たせたいときには有効です。

38. 研究構想における「手だて（支援）」に関する内容の具体化例

　手だて（支援）に関する内容を記述するときに大切なことは，その活動をさせたときに工夫したこと，気をつけたことを，どんな細かなことでもいいので，引っ張り出すことです。（今から実践する場合には，「これから工夫しようと思うこと，気をつけようと思うこと」になります）
　このようにして取り出した細かな工夫を分類したり，一般化した表現に置き換えたりすることで，実践における手だての観点が整理されてきます。

(1) 例

主　題「A児の言語生活を豊かにする国語科学習指導」における例
副主題：「かるた遊び」と「絵とひらがなのマッチング」を中心とした指導
　　　　の積み上げを通して
研究仮説：（略）
研究構想：(1)「かるた遊び」と「絵とひらがなのマッチング」における効果
　　　　　　的な指導方法の工夫を図る。
　　　　　(2) A児の個別指導計画を作成する。
　　　　　(3) 保護者との連携を密にしながら指導にあたる。

●(1)の具体的記述　　**推敲前原稿（初稿）**
①国語科の学習指導ごとに，個別指導の時間を設定する。
　45分間の内，20分間を個別指導の時間とし，「かるた遊び」と「絵とひらがなのマッチング」の指導をする。繰り返し学習することで，ひらがなの読字力の向上，学習規律の定着を図ることができる。
②A児が主体的に学習できる場の設定や教師の関わり方を工夫する。
　一斉指導の場と個別指導の場を変えることで，学習に集中させる。自分で教具のかごを持ってきたり，机に青い布を敷かせたりする。
　教師の発問を精選し，できるだけ一人で考えさせたり，操作させたりする。
　1つでもできるようになったときには賞賛し，自信ややる気をもたせるようにする。

【解説】（波線部分について）
　①では，「繰り返し学習する」とあるので，「どのような繰り返し方をするの

38. 研究構想における「手だて（支援）」に関する内容の具体化例

か（何をどの程度反復させるのか，どうなったら先に進ませるのか等）」を明らかにすることが大切です。

また，「まちがった時のフィードバックをどうするのか」を想定しておくことも明確にしておく必要があります。

②については，「できるだけ一人で考えさせたり，操作させたりする」ことはとても大切なことですので，そのためには，「何を」「どんな順序で」「どんなことに配慮しながら」学習させればよいのかを考えるとよいでしょう。

このように具体的な場面を想定して，どう指導するのかを取り出し，工夫点として，観点や内容を整理して下さい。

◎(1)の具体的記述　**推敲後原稿（完成論文）表に整理した部分を中心に**

表6-4　「かるた遊び」と「絵とひらがなのマッチング」の効果的な指導方法の工夫

工夫の観点	かるた遊び	絵とひらがなのマッチング
文字と一緒に取り上げる絵	A児に身近なものを取り上げる。ただし「かるた遊び」と「絵とひらがなのマッチング」では，異なる絵を取り上げる。 例：「かるた遊び」でくつの「く」，「絵とひらがなのマッチング」でくちの「く」を取り上げる。 【獲得したひらがなを多様に使いこなせるようにするため】	
取り上げる順序	A児の姓名に関するひらがなを先に取り上げる。 【まず，自分の名前を読めるようにするため】 　その後，取り上げる文字はランダムにする。	1音節で意味が出る場合のひらがなを取り上げる。その後は，「かるた遊び」で取り上げたひらがなを含む2音節の言葉にする。 【1音節から2音節の言葉へ段階的に指導するため】
間違ったときのフィードバック	基本的に前のステップに戻らせる。 例：ステップ4で間違えたら，ステップ3に戻らせる。 【できることをもとにして自力解決をさせるため】	
ステップの指導サイクル	〈解説〉 　5つの観点から，指導する際の工夫（手だて）が表現され，工夫（手だて）が具体化しています。 　【　】内を読むと，その工夫の目的も分かります。 　この例では，あるメインとなる活動を繰り返し指導するため，このような観点と内容になっています。 　このような表にすると，自分の頭の中を整理でき，読み手にとってもわかりやすくなります。表や図を効果的に使ってください。	
1回の活動で取り上げる文字数と先への進み方		

第6章 「研究の構想」の書き方

39. 実践意味づけ型における留意点
～何かを類型化するときに～

　論文へのアプローチの仕方として，大きく「理論先行型」と「実践意味づけ型」の2つがあることは，7項で述べました。ここでは，実践意味づけ型において，実践をした後に，何かを類型化するときの留意点を紹介します。
　本書で述べる類型化とは，次のようなことです。
取り上げたもの（教材や内容，テーマ）や，学習指導過程，手だてなどを「●●のときは，○○を取り上げる」または「●●の場合は，○○型」という具合に，まとまりをつけて意味づけていくこと。
　ここで留意すべき点は，類型化していく際に，「●●の場合は◎◎だから，○○を取り上げる（○○型）」と，なぜそうなるのか，そうしたのかの理由をきちんと記述することです。この理由がないと，都合がいいように類型化をしたと，読み手に思われてしまいます。

（1）　主題「本と豊かにかかわる子どもを育てる国語科学習指導」における例
　この主題での例は，37項にも出ています。37項では，研究構想(1)を事例で扱いました。ここでは(2)を扱います。
　　研究構想：(1)基礎学習と発展学習「多読→交流」における学習指導過程と手
　　　　　　　　だてを明らかにする。
　　　　　　　(2)多読において，本を選択する際の類型を設ける。
　この論文を書いた先生は，(2)における本を選択する際の類型として，「ジャンル設定型」と「テーマ設定型」の2つを設けました（対象学年は4年生。なお，この主題で目指す子ども像については，13項，18項参照）。
　「ジャンル設定型」とは，ジャンルを設定（指定）して，子どもにテーマや事例を選択させるもの。「テーマ設定型」とは，テーマを設定（指定）して，子どもにジャンルや本の種類を選択させるものとして考えられていました。
　そして，実践1「ジャンル設定型」では，ジャンルをノンフィクションに設定し，実践2「テーマ設定型」では，テーマを戦争・平和に設定したのです。
　そのように実践をしたのですから，その通りに書いてかまいません。

でも，ちょっと待って下さい。「ジャンル設定型」ではノンフィクションを，「テーマ設定型」では戦争・平和を取り上げているのですが，なぜ，「ジャンル設定型」ではノンフィクションなのか，「テーマ設定型」では，戦争・平和なのかが，読み手にはわからないのです。

そこで，この先生は，読書に関する書物を調べ，4年生という時期が「知的活動が活発になる時代で，興味・関心が自分の内なるものよりも外のものへと向けられるときでもある。したがって，ノンフィクションも好んで読む」ことを見つけました。そして，この文章を使って，「ジャンル設定型」でノンフィクションを取りあげた理由づけを行ったのです。

「テーマ設定型」では，書物を通して4年生の特性を調べるとともに，教科書教材との関連も考慮して，戦争・平和を取りあげました。

（2）主題「道徳的価値を深める道徳学習」における例（18項参照）

副主題：家庭との連携による「心のノート」の活用を通して

研究構想：

(1)「心のノート」の活用を位置づけた学習指導過程の類型化を図る。

(2)「心のノート」の効果的な活用の仕方の工夫を図る。

(3)家庭に対する「心のノート」活用についての理解の促進を図る。

この論文を書いた先生は，構想(1)との関連で，「心のノート」の活用類型を「展開活用型」「事後活用型」の2つから設定しました。そして，次のような考えで，2つの実践を意味づけました（図6-3参照）。

【実践1】
　　ねらいとする価値「生命尊重」──────→活用類型「展開活用型」

「生命尊重」…生活をふり返って考えることが難しいため，事前に保護者と話し合っておき，展開後段の価値の一般化の場面で，保護者と話し合った「心のノート」の内容を話し合い，今までの見方をとらえ直していく。

【実践2】
　　ねらいとする価値「家族愛」──────→活用類型「事後活用型」

「家族愛」…子どもにとって身近で保護者のかかわりも深いため，事後に保護者と話し合うことで，道徳の時間に学習した内容をさらに自分とのかかわりの中でふり返り，今までの見方をとらえ直していく。

図6-3　「心のノート」の活用類型における2つの実践の意味づけ

第6章 「研究の構想」の書き方

40. 研究構想図の書き方～基本型を参考にして～

（1） 研究構想図の基本型

研究構想図を書く場合には、基本型を参考にすると便利です。

研究構想図の基本型に決まった定型はありません。右の図6-4は、基本形の1つの例ですが、覚えておくと、いろいろ応用が利くので便利です。

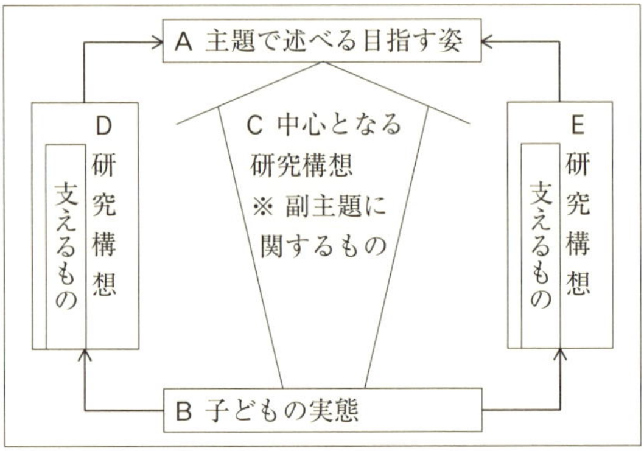

特に、研究構想が3つの場合は、とても当てはめが容易です。

図6-4　研究構想図の基本型

以下、研究構想が3つの場合で、基本型の考え方を説明します。

Aには、主題名をそのまま書くこともあります。

主題名とともに、具体化した子どもの姿を箇条書きしたり、目指す子どもを表すキーワードを記述したりすると、詳しくなります。

Bには、「児童の実態」という言葉をそのまま書くこともあります。

もちろん、実態調査をして取り出した具体的な実態を簡潔に記述することもよいです。

C（まん中の柱）には、いくつか立てた研究構想の中で、一番中心となる内容を記述します。

基本的に「副主題（サブ・テーマ）に関する研究構想を書く」と考えておくとよいでしょう。構想の柱立てによっては、この真ん中の柱で、単元の学習段階も合わせて表現することもあります。

D・E（両脇の柱）には、Cで取り上げた以外の構想を記述します。

研究構想が3つの場合は、構想を、C、D、Eに書くことになります。

もちろん、スペースの関係で、この基本型を横向きにしてもかまいません。

AとBが縦書きになり，C～Eが横書きになるだけで内容は変わりません。

留意点としては，言葉を入れすぎないようにすることです。研究構想「図」ですから，言葉を入れ過ぎるとわかりにくくなり，「一目で全体像がわかる」という図のよさが失われてしまいます。

体言止めを使うなどして，すっきりと表現して下さい。

また，矢印のつなぎ方や向きにも気をつけて下さい。

（2） 基本型の応用例（研究構想が2つの場合）

13項，18項，37項等で取り上げた「本と豊かにかかわる子どもを育てる国語科学習指導」での研究構想は，図6-5のように表すことができます。

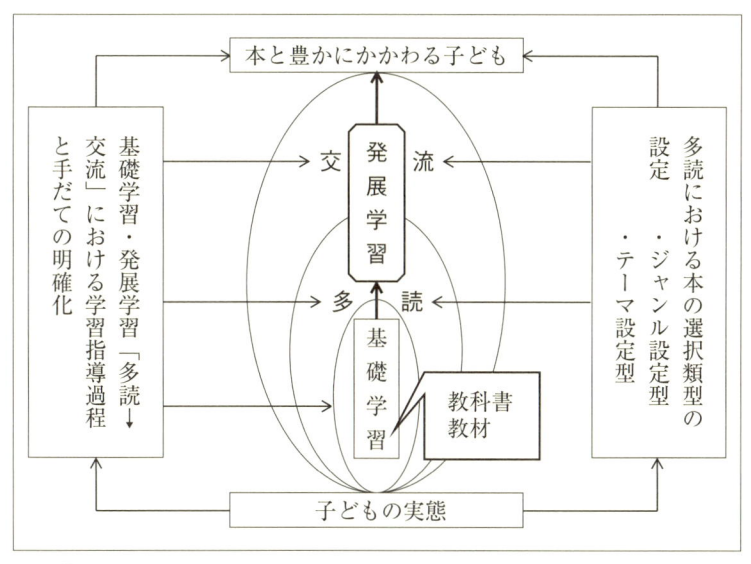

図6-5 「本と豊かにかかわる子どもを育てる国語科学習指導」における研究構想図

この例では，構想(1)の［基礎学習と発展学習「多読→交流」における学習指導過程と手だての明確化］を左の柱に，構想(2)の「多読における本の選択類型の設定」を右の柱に記述しています。

そして，メインとなる真ん中の柱に，副主題である［「多読→交流」を位置づけた発展学習］が，単元の学習過程の中にどのように位置づくのかを，発展学習の前提となる「基礎学習」も含めて表現しています。

41. 検証計画の書き方～検証の視点と方法を明確に～

（1） 検証計画とその重要性
　検証計画とは，主題で目指す子ども像が実証されたかどうかを確かめるための計画です。確かめるための計画ですから，「どんなことを」「どうやって確かめるか」を明確にしておかなければなりません。
　この点を整理すると，次のようになります。
　　「どんなことを」→**検証の視点**
　　「どうやって確かめるか」→**検証の方法**
　論文を書いていて，「考察」の部分で「何を書いたらいいのだろう？」とはたと困ったことはありませんか。筆者は何度もありました。それは，検証計画をきちんと立てずに実践に入ってしまい，結果的に必要なデータが取れていなかったからでした。
　検証計画を事前に立てておけば，実証のためのデータを計画的に収集することができますし，考察で，どんなことを書けばよいのかもはっきりします。

（2） 検証計画についての留意点
　①検証の視点を考えることが先です。
　まず，大切なことは，目指す姿を，主題との関連からはっきりさせることです。目指す姿がはっきりしていれば，検証の視点が明確になります。
　目指す姿（検証の視点）がはっきりしているからこそ，それにふさわしい検証方法を選択できるのです。決して方法が先にあるのではありません。
　少し詳しく述べると，目指す姿が，学力のどの側面に関わるかで，検証方法が変わってきます。
　例えば，関心・意欲・態度に関わる目指す姿であれば，質問紙法（評定尺度法や自由記述法）や観察法（チェックリストの作成）などでデータを集めることになります。（思考力であれば，教師による自作テストなど）
　②検証計画を明確にしないまま，実践を行う「実践意味づけ型」の場合は，検証計画の網を広くはって下さい。言い換えると，「これは必要かもしれないな」と考えた項目は，データとして集めるようにするということです。

ただし,「あれもこれも…」と多くなり過ぎないようにしましょう。

(3) 検証計画の記述例

主題：数理を追究する楽しさと充実感を味わう第3学年算数科学習（目指す姿→「学習内容の理解（認知面）に基づいて"楽しさの実感""理解の実感""自信の実感"を高める（情意面）」図3-11, 3-14参照）

> ① 【数理を追究する楽しさと充実感の〈認知面〉から】
> ［検証の視点］学習内容を理解できているか。技能が身についたか。
> ［検証の方法］事後テストの分析
> （CRTの「数学的な考え方」の観点のA・B・Cの判定群別に分析）
> ② 【数理を追究する楽しさと充実感の〈情意面〉から】
> ［検証の視点］楽しさの実感，理解の実感，自信の実感が高まったか。
> ［検証の方法］1時間の学習終了後の自己評価の分析（単元ごと）
> 　　意識調査の分析（実践前と実践後の比較），実践後の感想文の分析
> （いずれもCRTの「数学的な考え方」の観点のA・B・Cの判定群別に分析）

CRTの「数学的な考え方」の観点のA・B・Cの判定群別に分析する理由については，5項右下に説明していますので参照して下さい。

なお,『学校における教育研究のすすめ方』（群馬県教育研究所連盟, 1981）には，検証計画表の例として，下のような表が載せられていますので参考にしてください（表6-5参照）。

表6-5　検証計画の例（群馬県教育研究所連盟, 1981）

研究仮説	検証目標	検証資料	収集場面	処理・解釈の方法
仮説1 ……をすると学習意欲が高まるであろう。	学習意欲が高まったかを調べる。	○抽出児の観察 ○抽出児のノート ○意識調査	○実践の初・中・末期に ○実践の過程 ○実践の前後	○観察記録をそのまま表現する。 ○ノートの記録を集計 ○数量化してχ^2検定

表6-5の「検証目標」が［検証の視点］,「検証資料」が「検証方法」にあたります。「収集場面」等も明記されているので，大変具体的になっています。

コラム6　日常生活に見られる判断基準

　バスの中の掲示広告で，あるハイキングコースの案内を見つけました。
　そこには，日時，集合場所とアクセス，コースの説明，問い合わせ先とともに，当日が雨天の場合を考えて「こういう場合は中止しますよ」という内容（いわば判断基準）も，あわせて書かれてありました。
　どんな場合に中止すると書いてあったと思いますか？その広告を見て参加しようとしている人たちが，迷わないような内容でないといけません。
　実は，次のような内容が書いてありました。

> 前日17時発表の天気予報の降水確率が，50％以上のときは中止します。

　よく読むと，上の文章は，どういう場合に中止するのかについての基準を，次の3点から説明していることがわかります。

　「前日17時発表の」　──→　時期［いつ］
　「天気予報の降水確率が」→　項目［何について］
　「50％以上のときは」　──→　数値［どの程度のとき］

　この3点から書かれてあると，参加しようとしている人たちは，天候に関わる実施の有無については迷いようがありません。
　教育の世界では，この例のようにきちんと割り切って考えることは，なかなか難しい面があります。しかし，論文や実証のための実践を構想するにあたっては，「子どもがどのような姿になったらOKなのか」を具体化しておく必要があります。
　その具体化を行う上で，「［いつ］［何について］［どの程度のとき］にOKなのか」と3つの観点から考えることは大切なことです。
　さて，先日は，駅の売店の雑誌コーナーで，次のような張り紙を見かけました。（今度は，判断基準があいまいな例です）

> 長時間の立ち読みは，御遠慮下さい。

　あなたの「長時間」とは，どのくらいの時間ですか？

第7章

「指導の実際と考察」の書き方

　単に「こうしました」と，したことを羅列するだけでは，事実の報告に終わってしまいます。
　教育論文となるには，以下のような自分の主張を記述する必要があります。
　・こんな子どもを目指しました。
　・そのためにこうしました。
　・その結果，こうなりました。
　研究構想までの内容とのつながりをもたせながら，実践を通して，自分の主張を表現して下さい。

42. 単元目標の書き方
〜研究主題や研究構想と関連をもたせて〜

　指導案に書いた単元目標を，論文にそのまま転記していませんか？　指導案を，研究主題や研究構想を意識して書いていれば，転記していいですが，そうでない場合は，主題や構想と関連をもたせて記述することが大切です。単元目標と，主題や構想の関連のもたせ方には，いくつかのパターンが考えられます。

（１）　研究主題や研究構想が，単元目標の一項目として位置づく場合

> 主　題：数理を追究する楽しさと充実感を味わう第３学年算数科学習
> 副主題：自己選択学習を支援するティーム・ティーチングを通して　　を例に
> 「自己活動・自己選択活動を通して，わり算の学習の対して，楽しさと充実感をもつことができるようにする。」（実証単元「わり算」）

【解説】下線部は，研究主題（目指す姿）に関わる部分です。この例では，主題のタイトルがそのまま表記されています。
　波線部は，研究構想（サブ・テーマ）に関わる部分です（35項(２)参照）。

> 主　題：子ども自らが社会的事象にひそむ本質に迫る社会科学習
> 副主題：一連の体験的活動の組み入れ方の工夫を通して　　を例に
> 「一連の体験的活動を通して，ごみの収集・処理の仕事は，地域住民が健康で快適な生活を送るために重要な役割をもっていることや，その仕事の様子（行為），および仕事を進めていく上での努力や工夫（願い）をとらえることができるようにする。」（実証単元　４年「わたしたちのくらしとごみ」）

【解説】本主題では，目指す姿を「役割・行為・願い」をとらえる姿として考えています。よって，傍線部は研究主題（目指す姿）に関わる部分です。
　波線部は，研究構想（サブ・テーマ）に関わる部分です（36項，37項参照）。
　上記の２つの例を見ると，「○○を通して，□□できるようにする」となっており，○○の部分が，研究構想（サブ・テーマ等）に関わる部分，□□の部分が，研究主題（主題で目指す姿）に関わる部分になっています。

42. 単元目標の書き方

（２）　研究構想のある内容が，単元目標の項立てに反映される場合

> 主　　題：本と豊かにかかわる子どもを育てる国語科学習指導
> 副主題：「多読→交流」を位置づけた発展学習を通して　　　　を例に
> ［基礎学習における目標］……略……
> ［多読における目標］………略……
> ［交流における目標］…………略……

【解説】この主題の研究構想には，［基礎学習と発展学習「多読→交流」における学習指導過程と手だての明確化］があげられています。

そこで，この部分を生かして［基礎学習→発展学習「多読→交流」］の段階ごとに，目標を設定しています。

なお，略していますが，目標の内容は，「主題の意味」で述べた目指す姿との関連も意識して書かれています（37項（２），40項（２）参照）。

> 主　　題：実生活とのかかわりを深める社会科学習
> 副主題：４つの体験を重視した「課題把握→追究Ⅰ・Ⅱ→発展」を通して
> ［実感性の面から］安心して飲める水をつくり出す仕事が，計画的・協力的に進められていることを驚きや感動をもって理解することができる。
> ［生活関連性の面から］水と生活との関わりを考え，浄水場で働いている人々の仕事は，生活を支えていることをとらえることができる。
> ［態度化の面から］水の大切さや節水を呼びかけるポスターをかいたり，進んで節水に取り組んだりすることができる。
> 　　　　　（実証単元「わたしたちのくらしと水」）

【解説】この研究構想には，［教材研究を通した，各特性における目指す具体的な姿の明確化］があげられています。ここでの各特性とは，「実感性・生活関連性・態度化」の３つです。

そこで，この３つの特性が実証単元で具現化した姿として，単元目標が記述されているのです（36項（３）参照）。

いわゆる評価の４観点のニュアンスも含めながら記述すると，目標として，さらに充実したものになると思われます。

43. 単元指導構想の書き方
～研究構想を実践レベルに具体化する～

(1) 単元指導構想とその重要性

　単元指導構想とは，説明上，筆者がネーミングしたもので，単元指導計画に，研究構想がどのように位置づくのかを，図や表，文章で表したものです。

　この単元指導構想がないと，これまで書いてきた研究構想が，どのように実践レベルで具体化されているのかが，読み手にはわからないのです。

　そこで，単元指導構想を書くことで，研究構想と実践の橋渡し（関連）が明確になります。つまり，考え方は，前項の「単元目標」と同様で，これまでの内容と関連をもたせて具体化することが大切です。

　単元指導構想の書き方にも，いくつかのパターンが考えられます。

(2) 研究構想で用いた図や表をもとに，内容を単元レベルに具体化する場合

　　主　題：実生活とのかかわりを深める社会科学習
　　副主題：4つの体験を重視した「課題把握→追究Ⅰ・Ⅱ→発展」を通して
　　研究構想：(1)…略（36項(3)参照）
　　　　　　　(2) 4つの体験の内容の吟味と，それぞれの体験を効果的に行うための支援

　表7-1は，研究構想(2)の表と，その内容を実証単元で具体的にした表です。

表7-1　研究構想(2)の表（上）と「わたしたちのくらしと水」で具体化した表（下）

段階と体験	体験の内容	体験を効果的に行うための支援
課題把握 →確認体験の位置づけ	・自分の予想を視覚的に確かめる活動	・子どもたちに予想を立てさせてから，事実を確認するようにする。その際，子どもたちの予想と事実のズレを感じさせる。 　そして，働く人々の営みに驚きをもたせるとともに，自分の生活が働く人々の営みによって支えられていることを知らせる。[生活関連性]

↓　　　　　↓　　　　　↓　　　　　↓

学習内容	位置づける体験	体験のねらい
課題把握（2時間） 　毎日使う水について話し合い，2つの体験を通して学習課題をつかむ。 学習課題 　たくさんの水を安心	確認体験 ・1人が1日に使っている水の量を確かめる体験	・1人が1日に使う水の量を予想した上でバケツ何杯分かを確かめさせることで，たくさんの水に自分たちの生活が支えられていることに気付かせる[生活関連性]とともに，どこから来ているのか疑問をもたせる。

43. 単元指導構想の書き方

（3） 研究の全体像を示した研究構想図をもとに，内容を単元レベルに具体化する場合

　主　題：数理を追究する楽しさと充実感を味わう第3学年算数科学習
　副主題：自己選択学習を支援するティーム・ティーチングを通して

　前ページで具体化したのは研究構想の一部でした。今度は，研究の全体像を示す研究構想図をもとに具体化している点が違う点です（研究構想［条件］は35項（2）参照）。

　下の図7-2では，条件1，条件2の両方が具体化されています。

［条件1］
「基礎→発展→統合」の3段階に基づいた学習単元の構成

子どもの実態

基礎　発展　統合
数理追究の過程
基礎　発展　統合

数理を追究する楽しさや充実感

［条件2］
自己選択の場と T.T を位置づけた学習過程のタイプ設定と単元への組み込み

図7-1　研究指導図

［条件1］
学習単元の構成

等分除・包含除の分け方とわり算の式・答えの求め方を知る。（第1～4時）

商が10の場合や何倍かを求めるなどのいろいろなわり算の意味と計算の仕方を調べる（第5～8時）

必要な情報を選んで問題を解いたり，わり算とたし算・引き算を組み合わせた問題の意味と計算の仕方を調べたりする（第9～13時）

子どもの実態

基礎　発展　統合
数　理（わり算の意味と計算の仕方）追究の過程
基礎　発展　統合

数理を追究する楽しさや充実感

習熟・定着を重視したBタイプ

課題解決を重視したAタイプ
習熟・定着を重視したBタイプ

課題解決を重視したAタイプ
※Aタイプ，Bタイプについては論文中，別項に記述

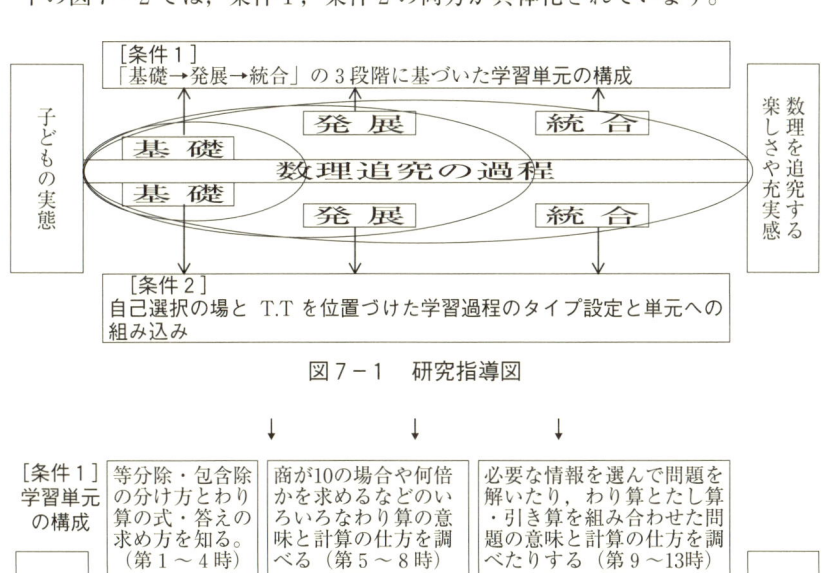

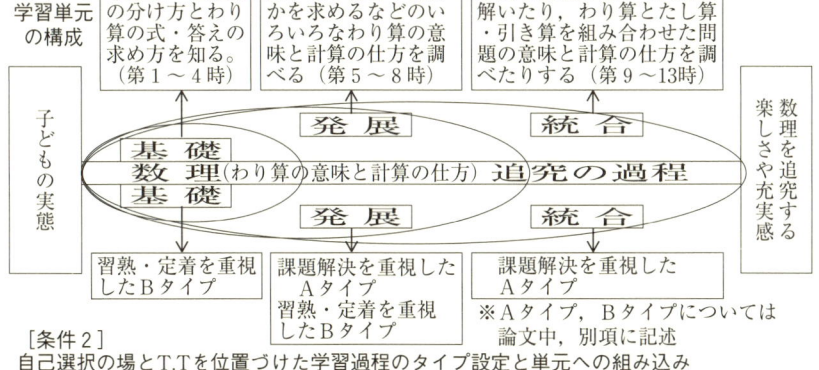

［条件2］
自己選択の場とT.Tを位置づけた学習過程のタイプ設定と単元への組み込み

図7-2　研究構想（図7-1）に基づいた「わり算」の単元指導構想

（4） 単元指導計画の中に，研究構想（サブ・テーマ等）を位置づける場合

主　題：子ども自らが社会的事象にひそむ本質に迫る社会科学習
副主題：一連の体験的活動の組み入れ方の工夫を通して

　研究構想は37項（1）参照。図7－3は，研究構想(2)「一連の体験的活動を組み入れた学習指導過程の工夫」を単元指導計画に位置づけたものです。

　なお，図7－3には，研究構想（1）「社会事象を，役割・行為・願いの3つの視点から解釈した単元構成の工夫」も位置づいています。

　［役割の追究］［行為の追究］［願いの追究］という言葉の部分です。

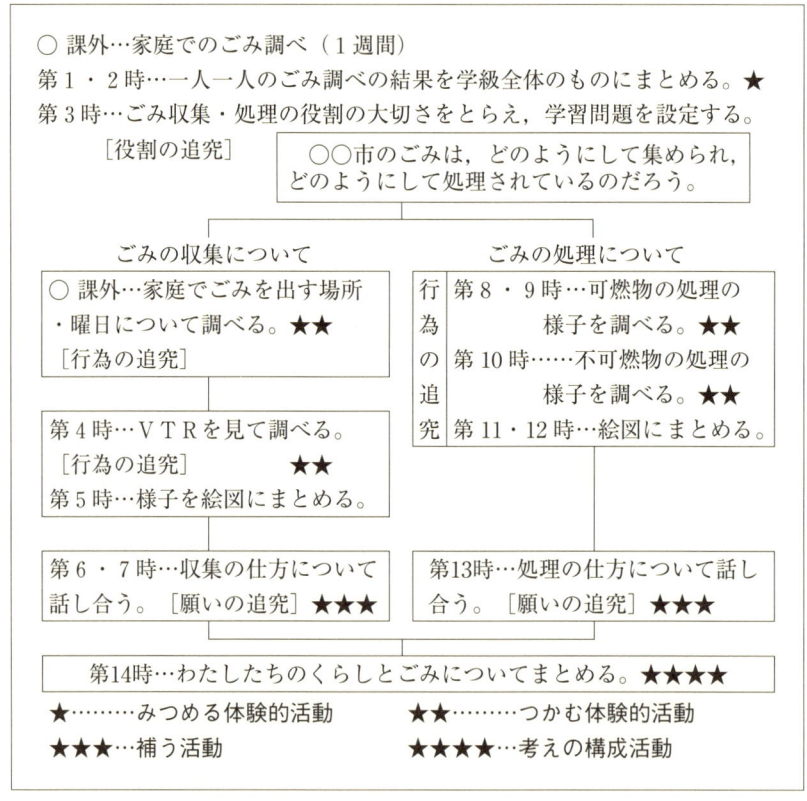

```
○ 課外…家庭でのごみ調べ（1週間）
第1・2時…一人一人のごみ調べの結果を学級全体のものにまとめる。★
第3時…ごみ収集・処理の役割の大切さをとらえ，学習問題を設定する。
        ［役割の追究］
                    ┌─────────────────────────────┐
                    │○○市のごみは，どのようにして集められ，│
                    │どのようにして処理されているのだろう。│
                    └─────────────────────────────┘
            ごみの収集について          ごみの処理について
┌─────────────────┐      ┌─────────────────────┐
│○ 課外…家庭でごみを出す場所│ 行  │第8・9時…可燃物の処理の│
│・曜日について調べる。★★  │ 為  │　　　　　様子を調べる。★★│
│　［行為の追究］           │ の  │第10時……不可燃物の処理の│
└─────────────────┘ 追  │　　　　　様子を調べる。★★│
┌─────────────────┐ 究  │第11・12時…絵図にまとめる。│
│第4時…VTRを見て調べる。 │     └─────────────────────┘
│　［行為の追究］　　★★   │
│第5時…様子を絵図にまとめる。│
└─────────────────┘
┌─────────────────┐      ┌─────────────────────┐
│第6・7時…収集の仕方について│      │第13時…処理の仕方について話│
│話し合う。［願いの追究］★★★│     │し合う。［願いの追究］★★★│
└─────────────────┘      └─────────────────────┘
         ┌──────────────────────────────┐
         │第14時…わたしたちのくらしとごみについてまとめる。★★★★│
         └──────────────────────────────┘
★………みつめる体験的活動　　　★★………つかむ体験的活動
★★★…補う活動　　　　　　　　★★★★…考えの構成活動
```

図7－3　一連の体験的活動（研究構想）を組み入れた「わたしたちのくらしとごみ」の単元指導計画

44．単元の中から，論文に記述する部分の取り出し方

　「指導の実際」の中では，学習指導の様子（教師の働きかけと子どもの反応）を記述するわけですが，単元の中のどの部分を取り出せばよいでしょうか。
　いくつかの取り出し方がありますので，以下，紹介します。

A　単元の全時間を取り上げて，順序よく記述する。
B　単元の中から，何時間かを取り出して記述する。

A…単元の流れで説明した方がわかりやすい場合には，この書き方になります。
　この書き方には，いくつかの区切り方があります。
①1時間ごとに区切って書く。
　1時間あたりの分量は少なくなりますので，何を載せたい（載せないといけない）のかを十分に吟味する必要があります。
②学習段階や活動ごとに区切って（何時間かを一かたまりにして）書く。
　例えば「基礎学習での指導の実際」「発展学習『多読』での指導の実際」「発展学習『交流』での指導の実際」と学習段階でまとまりをつくり，段階ごとに教師の働きかけと子どもの反応を記述する書き方です。
　また，単元の中にメインとなる活動をいくつか位置づけている場合には，「○○活動における指導の実際」「△△活動における指導の実際」というふうに，活動ごとのまとまりをつくって記述することもあります。
③いくつかの期に区切って書く。
　抽出児への個別指導がメインになっている場合等には，指導後の子どもの変容をもとにⅠ期→Ⅱ期…と区切り目をつくって記述することもあります。

B…単元の学習段階の中から，特徴的な時間を取り出す書き方です。
　例えば，図7-2を見ると全13時間になっています。この中から，
「基礎」段階における習熟・定着を重視したBタイプ（1時間）
「統合」段階における課題解決を重視したAタイプ（1時間）
を取り上げて記述するのは，このタイプです。

45. 学習指導の様子（指導の実際）の記述の仕方

　単元の中から論文に，記述する部分を取り出したら，その学習指導の様子（指導の実際）について，実際に記述することになります。
　この記述の仕方には，決まったものはありませんので，ポイントを述べた後，3つの論文をもとに記述例をあげることにします。

（1）　学習指導の様子を記述する際のポイント

　「学習指導の様子」ですから，「教師がどのような支援・指導をして，子どもがどのように学んでいったのか」を記述しなくてはなりません。教師がしたことだけを書いても不十分ですし，子どもがしたことだけを書いても不十分です。
　つまり，「教師の働きかけ」と「子どもの反応」を書くことが大切になります（図7‐4参照）。

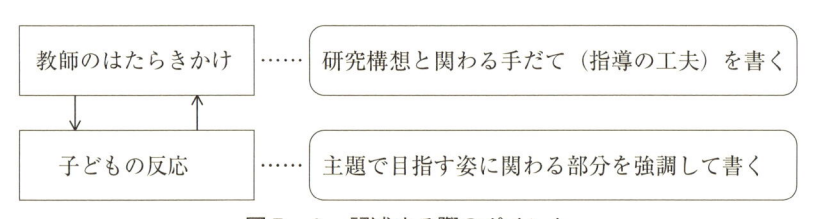

```
┌─────────────────┐     ┌─────────────────────────────────────┐
│ 教師のはたらきかけ │……│ 研究構想と関わる手だて（指導の工夫）を書く │
└─────────────────┘     └─────────────────────────────────────┘
        ↓↑
┌─────────────────┐     ┌─────────────────────────────────────┐
│ 子どもの反応     │……│ 主題で目指す姿に関わる部分を強調して書く   │
└─────────────────┘     └─────────────────────────────────────┘
```

図7‐4　記述する際のポイント

　ただし，論文における「学習指導の様子」ですから，単に「教師の働きかけ」と「子どもの反応」をだらだらと書いても，あまり意味がありません。
　そこで，次のことを意識しながら書いてみて下さい（図7‐4参照，活動と活動をつなぐための説明の文章は，必要に応じて入れます）。
　ここでいう「子どもの反応」とは，以下のような子どもの行動のことです。
　・こんなことをした（活動）
　・こんなことを言った（発言）
　・こんなことを書いた（ノート記述）
　上では「強調して書く」と書きましたが，言い換えると「焦点化して書く」ということです。もちろん，手だてをうったにもかかわらず，期待していた姿が現れなかったときは，その不十分な姿を書いて下さい。

46. 学習指導の様子（指導の実際）の記述例1

主　題：問題解決力を養う第3学年社会科導入期における指導法の研究
副主題：生活科との接続・発展を重視した活動構成を通して

　この例は，44項のA②学習段階や活動ごとに区切って書くタイプですが，1時間ごとに区切れる部分は，1時間ごとに記述されています。
　なお，この論文の「指導の実際」の目次（項立て）は下の通りです。

```
(1)単元　　(2)単元目標　　(3)単元の構想（35項参照）
(4)構想に基づいた単元の活動計画　　(5)指導の実際と考察
　①本単元の学習の展開と児童の反応
　　ア．自分の問題を「みつける」段階（第1時）
　　イ．問題に対して「みとおす」段階（第2時）
　　ウ．自分が調べたい問題を「さぐる」段階（第3〜7時）
　　エ．学習したことを，かべ新聞作りに「いかす」段階（第8〜9時）
　②結果の考察
```

　「ア」の実際の記述は表7−2の通りです。下の記述の工夫点は，文中の数字が，「(3)単元の構想」（35項(1)参照）の支援内容における番号を指すように書かれていることです。
　このようにすることで，構想に基づいた指導を行ったことを表現できます。

表7−2　記述例

```
（自分の問題を「みつける」段階（第1時）での記述）
　まず，前単元で作った校区地図をもとに，春日市の土地の使われ方について話し合わせ，学級全体での問題を「春日市の土地の使われ方を調べよう」として設定した。
　次に，写真4の白地図を提示し（支援④），市内の中から調べる地区として，次の3地区に着目させた。
（□周辺，△周辺，☆周辺…詳細は略）
　この3地区の土地の条件を白地図をもとに確認した後，「春日市の中のこの3つで，どんなところか調べてみたいのは，どこですか」と尋ねてみた。その結果，□周辺…7名，△周辺…11名，☆周辺…19名と，調べたい地区が分かれた。
　そこで，資料14のような追究表を配布し，「自分が調べてみたいと思ったところに見学に行きます。どんなことを調べてみたいですか」と問いかけ，自分が調べてみたいことを「自分の見学のめあて」の欄に記述させたのである（支援⑥）。
　その結果，子どもたちは，資料15に見られるような問題をつくっていった。
　☆周辺を調べるA児は，資料16のように「大きな自然を見てみたい」と書いている。川が近くに流れていることに着目しているようである。

［コメント］傍線部分で学級全体における反応の概略を示し，破線部分で抽出児の反応を示しています。このように，全体と個の反応を示すことが望ましいです。
```

第7章 「指導の実際と考察」の書き方

47．学習指導の様子（指導の実際）の記述例2

主　題：実生活とのかかわりを深める社会科学習（43項(2)参照）
副主題：4つの体験を重視した「課題把握→追究Ⅰ・Ⅱ→発展」を通して

　この例は，44項のA②学習段階や活動ごとに区切って書くタイプです。
　なお，この論文の「指導の実際と考察」の目次（項立て）は下の通りです。

学年　　単元名　　指導時期
(1)目標
(2)本単元の学習の流れと研究構想に基づく4つの体験の位置づけ
(3)体験を中心にした学習の展開と子どもの反応および考察
　　①課題把握（確認体験の位置づけ）
　　②追究Ⅰ（調査体験の位置づけ）
　　③追究Ⅱ（双方向体験の位置づけ）
　　④発展（発信体験の位置づけ）

---

　①の課題把握部分の記述を示します。この例では，推敲前原稿（初稿）から推敲後原稿（完成論文）への変化に着目して下さい。

●推敲前原稿（初稿）
　課題把握の段階では，1日に1人が使う水の量を予想させ，バケツ何倍分かを確かめさせた。子どもたちは，バケツ33杯分も使っていたことに驚いたり，水がないと大変だと感じたりしていた。また，これだけたくさんの水がどこから来るのかという疑問をもった。
　たくさんの水がどこから来るのかについて予想を立てると，雨水，ダム，池，川という意見が多かった。そこで，学校の近くにある川の水を採取し，水の汚れを調べてみた。
　見た目は透明がかった水だが，フィルターを通すと，砂やゴミが混じっていた。また，水ににおいもあり，このままでは使えないことに気づくことができた。（子どもの感想…略）
　そこで，安心して使うことができるように，どうやって水をきれいにしているのか予想を立てた。そして，「たくさんの水を安心して使うことができるひみつを探ろう」を学級全体の学習問題に設定し，浄水場見学に行くことにした。

[推敲前原稿(初稿)へのコメント]

　副主題(研究構想)から具体化した手だてがどれなのか,何をねらっているのかがわかるように記述する必要があります。その際,体験が2つあるので,分けて記述するとよいでしょう。

　着目してほしい子どもの反応はどれなのかがわかるようにすることも大切です。例えば,アンダーラインを引いたり,番号をつけたりする方法があります。そうすると,考察の際に,ラインや番号の部分を引用しながら,ねらっていた姿が現れたことを述べることができます。

　また,子どもの様子は,全体と個(抽出児)の両方から記述するとよいです。その際,抽出児についての説明(抽出児がどんな子なのか)も,どこかで述べるとよいです。

◎推敲後原稿(完成論文)

　課題把握(確認体験の位置づけ)
【1人が1日に使っている水の量を確かめる確認体験】
ア．体験のねらい
　たくさんの水に自分たちの生活が支えられていることに気づかせる[生活関連性]とともに,水がどこからくるのか疑問をもたせる。
イ．効果的に行うための支援
　・生活の中でどんなときに水を使うのかを想起させた上で,1人が1日に使う量を予想させるようにする。
　・バケツを33杯分用意し,使う水の量を視覚的に確かめさせる。
ウ．子どもの反応
　この体験で,廊下に並んでいるバケツを数えている時に,「こんなにいっぱい使っているんだ[1]」や「思ったより多い[2]」などという驚きの声が上がった。
　確認体験後の感想で,A児(実感性,生活関連性,態度化ともに下位群)およびB児(実感性,生活関連性,態度化ともに上位群)は,次のように書いていた。
[A児の感想] 1人分の水の多さが分かりました。春日市みんなの使っている量もわかりました。水がないと,ぼくたちはすごく困ることが分かりました[3]。
[B児の感想] 水は,わたしたちにとって生活していく上でとても大切なものです[4]。1人1日なんとバケツ33杯分も使っていることがわかりました。

注):このあと「エ.考察」に続きますが,ここでは省略しています。
　「エ.考察」のあとは,2つめの体験【川の水の汚れを確かめる確認体験】の項目になり,上記と同様にア〜エにそって記述されています。

48．学習指導の様子（指導の実際）の記述例3

主　題：数理を追究する楽しさと充実感を味わう第3学年算数科学習
副主題：自己選択学習を支援するティーム・ティーチングを通して

　この論文の「指導の実際と考察」の目次（項立て）は下の通りです。

実証単元名　　　指導時期
(1)単元目標
(2)研究構想に基づいた本単元の活動構成
　①研究構想に基づいた本単元の活動構成図（※43項(3)参照）
　②学習過程の2タイプA・Bにおける具体的な学習内容
(3)学習の展開と子どもの反応（第4時，第11時をもとに）
　①実証本時1　［第4時］
　　ア．主眼
　　イ．本時における自己選択の場
　　ウ．学習の流れと教師の働きかけ
　②実証本時2　［第11時］（もア～ウの3項目）
　③考察

　本項では，紙面の関係上，上記の項立てを中心に説明します。
　この例は，44項のB，単元の中から何時間かを取り出すタイプです。
　具体的には，第4時と第11時を取り上げて記述しています。研究構想で，学習過程の2タイプA・Bを設定することを掲げているため，タイプAの代表例として第11時を，タイプBの代表例として第4時を説明しているのです。
　項立ての内容としては，「イ」で研究構想との関連から手だてについて詳しく述べ，「ウ」で学習の流れにそって，教師の働きかけを説明しています。「ウ」は「学習の流れと教師の働きかけ」となっており，子どもの反応が入っていません。これは，子どもの反応（変容）の様子は，③の考察の中で，第4時分と第11時分をまとめて取り上げる構成になっているためです。
　論構成によっては，このような項立ての工夫もできます。

49. 考察の書き方の基本的パターン１
〜判断と根拠を述べる〜

（１） 考察のポイントは，「判断＋根拠」

　学習指導の様子（指導の実際）では，教師の働きかけや子どもの反応に関する「事実」を記述します。言い換えると「事実」を"客観的"に述べることになるわけです。

　これに対して，考察では，授業者の「解釈」を記述します。よって，学習指導の様子に比べると，"主観的"な記述になります。

　この「解釈」の内容が「判断＋根拠」です。つまり，考察では，「判断」と「根拠」を記述すればいいのです。

　では，「判断」と「根拠」について詳しく述べます。

【「判断」について】
〈何に対する判断か〉
　→目指す子どもを具現化する上での，手だての有効性（効果）に関する判断
〈判断に関する記述のパターン〉次の４つの書き方をすることが多いです。
　　→「有効であった（と考える・判断する）」
　　　　　「効果があった」や「効果的であった」という書き方もあります。
　　→「概ね有効であった（と考える・判断する）
　　→「有効ではなかった（と考える・判断する）
　　→「判断できなかった」　　通常，４つのうちのどれかを記述します。

【「根拠」について】〈どんなことを書くのか〉
　→判断の根拠を子どもの姿をもとに述べます。ここで述べる子どもの姿とは
　　［発言内容（つぶやき）］，［ノート記述］，［活動の様子］のことです。
　※全体の姿とともに，抽出児（個人）の姿も取り上げるのが望ましいです。
　　この点については，54項で詳しく述べます。

【「判断＋根拠」の組み合わせ方について】
→「判断→根拠」型（判断を先に述べる）と，「根拠→判断」型（根拠を先に述べる）があります。この型については，次項で後述します。

50. 考察の書き方の基本的パターン２〜根拠を具体的に〜

（１） 考察の具体的な記述例（「判断→根拠」型）

　考察の書き方の例を示します。これは，あくまで例ですので，「判断＋根拠」の要素が入るように，いろいろアレンジしてみて下さい。
　まず，目指す子どもを具現化する上での，手だての有効性（効果）に関する判断を書きます。「○○○○」が判断の部分になります。

> ……において，……させたことは，子どもが……していく上で○○○○。

　その後，その判断の根拠を，子どもの姿（［発言内容（つぶやき）］［ノート記述］［活動の様子］）をもとに述べます。この根拠が乏しいにも関わらず，無理に結論（有効性）を述べようとすると，"過度の一般化"になりますので注意が必要です。１〜２名の姿をもとに一般化しすぎないようにして下さい。
　上記のわく囲みの次は，下記例のように「このことは」から文が始まります。

［発言内容から判断する場合］
　このことは，『……』という発問に対して，「○○」「△△」という発言が見られたことから判断できる。
　　特に，Ａ児は………。また，Ｂ児は………。

「特に」以下で，抽出児（個人）の姿を記述する書き方になっています。
　このパターンは，以下のノート記述や活動の様子の場合でも使えます。

［ノート記述から判断する場合］
　このことは，……について記述させた際に，「○○」「△△」と，……に着目して記述していた子どもが○％いたことから判断できる。
　　　　　　（資料□参照←グラフや表でその内容を示す場合）
　　特に，Ａ児は………。また，Ｂ児は………。

50. 考察の書き方の基本的パターン2

[活動の様子から判断する場合]

　<u>このことは</u>，『○○』と指示（発問）した際に，子どもたちが………しながら……していたことから判断できる。

（どんな子どもの活動なのか，目指す子どもの活動像をもとに，具体的に記述することが大切です。スペースがあれば「指導の実際」で，活動の写真や作品の縮小版を載せておくとよいです）

　特に，A児は………。また，B児は………。

　不十分な点があったら，以下，「しかし，…」と続け，内容を記述します。
　その際も，全体の姿とともに，抽出児の姿も記述するとよいです。
　この「しかし，…」以下の部分は，今後の課題につながります。（下記参照）

> <u>しかし</u>，……子どもも○％いた。（「……」など………できない子どもも見られた。A児は……を……できなかった……など）
> **→目指す姿を達成できなかった不十分な子どもの姿の記述**
> 　これは，……に問題があったからと考える
> **→達成できなかった原因の記述**
> 　そこで，今後は…していく必要がある。（…を…すればよかったと考える）
> **→今後の方向性の記述。具体的な改善点にふれるとよいです。**

（2）　根拠を先に述べる「根拠→判断」型の場合

　例えば，次の書き方が考えられます。「○○○○」が判断の部分になります。

> ……について記述させた際に，「○○」「△△」と，……に着目して記述していた子どもが○％いた。（資料□参照←グラフや表で内容を示す場合）
> 　特に，A児は………。また，B児は………。
> 　このように，子どもたちは………ことがわかる
> **→ここまでが「根拠」です。「このように」で，反応を目指す姿の面から意味づける書き方もあります。**
> 　<u>これらのことから</u>（よって），……において，…させたことは，子どもが……していく上で○○○○。
> **→波線以下が「判断」になります。**

第7章 「指導の実際と考察」の書き方

51. 考察の入れ方のパターン
　　　～「まとめて型」と「その都度型」～

実践単元における考察の入れ方には、大きく2つのパターンがあります。

> A 「まとめて型」…単元を通した学習指導の様子（児童の実際）を書き終わった後に、単元全体の学習指導についての考察をまとめて述べる。
> B 「その都度型」…学習指導の様子（児童の実際）を1時間ごと（または学習段階ごとや活動ごと）に記述する際に、その1時間（または学習段階や活動）ごとに、考察をその都度述べる。

これらを図示したものが、下の図7－5，7－6です。図中では、「1時間（または学習段階や活動）」が3つになっていますが、説明の便宜上、このように表しているだけです。

要は、目指す子どもを具現化する上での、手だての有効性（効果）に関する判断とその根拠が述べられていればよいわけです。

どちらの方が論述しやすく、また読み手にとってわかりやすいかを考えながら選択して下さい。

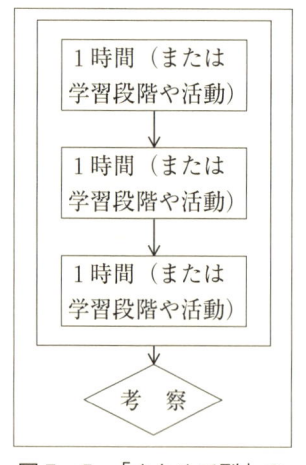

図7－5　「まとめて型」の考察の入れ方

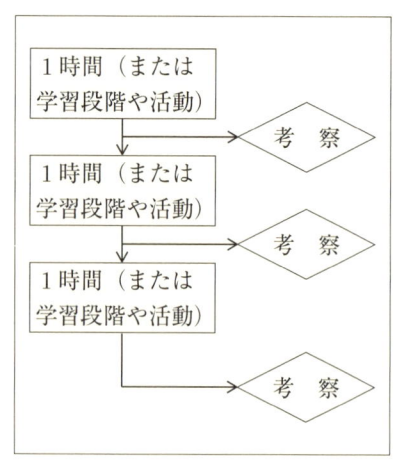

図7－6　「その都度型」の考察の入れ方

52. 考察の書き方の記述例１〜「まとめて型」の場合〜

　46項の学習指導の様子（指導の実際）に対する考察を，下に紹介します（表７−３）。

　この考察は，単元を通した学習指導の様子（指導の実際）を書き終わった後（46項で言えば，①のアイウエを述べた後，②の結果の考察で），単元全体の学習指導を通しての考察を記述している「まとめて型」です（図７−５参照）。

　なお，太字の部分は，考察に対するコメントです。

表７−３　考察例

> 具体的な活動や体験を重視したことについて
> 　具体的な活動や体験として，市内の３地区から自分が調べたい場所を選び，路線バスに乗って見学に行く活動構成を行い，p.○の表□の内容面，方法面からの支援①，②，③を行ったことは，子どもの意欲的な追究活動を喚起し，実行させる上で有効であった。→**判断の部分です。文中の支援①，②，③とは，本書のp.68の「①具体的な活動や体験における条件と支援」を，本単元の指導にあたって具体化した内容を示すものです。**
> 　左下の資料◇（注…「みとおす」段階終了時における活動の喚起についての意識調査結果［帯グラフ］）からは，路線バスを利用した見学を取り入れたことによる，子どもたちの活動への喚起が感じ取れる。また，右下の資料◎（注…土地の使われ方を調べる見学における活動の実行についての意識調査結果［帯グラフ］）からは，支援を吟味した見学により，子どもが，自分の問題を十分に調べることができたことを示している。→**資料◇で活動の喚起，資料◎で活動の実行に関する全体の姿（意識調査結果）を考察中に示し，判断の根拠としています。**
> 　さらに，p.○写真△における見学中の子どもの様子や，p.○資料▽のグラフ（注…子どもたちが見学の際に記録したカードの枚数［帯グラフ］），p.○資料☆のA児の見学ノートや感想からも，十分に活動の実行が図られたと判断できる。→**「さらに」以下で，根拠のだめ押しを行い，判断の根拠をより多面的に示しています。A児の見学ノート，感想を示すことで，全体の概略だけでなく，個の追究の様子が具体的に分かります。この「さらに」以下で述べている写真や資料は，学習指導の様子（指導の実際）の中で示しているものです。つまり，学習指導の様子（指導の実際）で示した写真や資料を引用して，根拠としています。**
> 　これらの子どもの姿が現れたのは，支援①，②，③が有効に働いたからであると考える。→**手だての有効性についての判断を，もう一度述べています。**
> 個性的な追究活動を重視したことについて（略）
> →**支援④，⑤，⑥についての有効性の判断と根拠を述べています。**

53. 考察の書き方の記述例2 〜「その都度型」の場合〜

次に47項の学習指導の様子（指導の実際）に対する考察を紹介します。考察の入れ方は「その都度型」（図7-6参照）で，順序は「根拠→判断」型です。

● 推敲前原稿（初稿）

2つの実験を通して，子どもたちは，自分たちがたくさんの水を使っていること，川や池など自然にある水をそのまま利用することはできないことに気づき，見学に対して課題意識をもつことができた。

[推敲前原稿（初稿）へのコメント]

何（目的）を目指す上での何（手だて）の有効性を明らかにしようとしているのかを，主題と副主題（研究構想）との関係から明確にした上で記述することが大切です。この実践の場合，2つの実験（体験）を行っているので，考察も，それぞれの実験（体験）について述べた方がよいでしょう。

また，着目してほしい子どもの反応を，番号を使うなどして引用しながら，判断の根拠となる具体的な姿を示すとよいです。

◎ 推敲後原稿（完成論文）

【1人が1日に使っている水の量を確かめる確認体験】について

傍線部①，②に見られるように，子どもたちは1日に1人が使う水の量を驚きをもってとらえていた。また，傍線部③，④に見られるように，A児，B児は，水と自分の生活との深いつながりに気づいている。

このように，子どもたちは，たくさんの水によって自分たちの生活が支えられているという生活関連性に気づいていった。→ここまでが「根拠」

これらのことから，一日に一人が使っている水の量を確かめる確認体験は，生活関連性をに気付かせる上で有効であったと考える。→「判断」

【川の水の汚れを確かめる確認体験】について

見た目はきれいな川の水でも，傍線部のように砂などが混じっており，このままでは生活用水として使えないことに気づくことができた。そして，自分たちが使っている水も巨大なフィルターで濾過している人たちがいるのではないかという予想を立てることができ，自分たちのために働いている人々の存在に目を向けることができた［生活関連性］。→ここまでが「根拠」

よって，川の汚れを確かめる確認体験は有効であったと考える。→「判断」

→根拠に，全体の反応が書き加わると，説得力が高まります。

54. 抽出児と全体の反応を組み合わせる
〜互いの短所を補い合う〜

（1） 抽出児と全体の両方を取り上げるとよい理由

考察では，「判断＋根拠」を記述するわけですが，大切なのは，根拠の部分を子どもの姿で具体的に述べることです。

子どもの姿は，先述したように，［発言内容（つぶやき）］や［ノート記述］［活動の様子］を抽出児（個人）の姿で述べたり，全体の姿を述べたりします。

なお，全体の姿を述べるとは，全員の反応を分類して，その割合を表で示したり，文章の中で，期待した反応を示した児童の割合を示したりすることです。

抽出児，全体で述べることの長所と短所は，次の表7-4の通りです。

表7-4 抽出児，全体で述べることの長所と短所

	抽出児の姿で述べる	全体の姿で述べる
長所	個の活動の様子（反応）が，具体的にわかる。	全体の活動の様子（反応）の傾向が，概括的にわかる。
短所	抽出児の姿のみの記述だと，「期待した姿が現れた子だけを取り上げたのでは…」「他の子（全体）は，どうなの？」と受け取られることがある。	全体の姿のみの記述だと，「個の変容の様子がわからない」「遅れがちな子にも学習が成立しているの？」と受け取られることがある。

そこで，より望ましいのは，（なかなか難しいですが）抽出児の姿とともに，全体の姿も取り上げることです。両方から述べることにより，互いの短所を補い合うことになり，判断の根拠としての説得力が増します。

また，抽出児を取り上げるときは，遅れがちな子も取り上げ，遅れがちな子が，期待していた活動（反応）を行っていたことを示すと，手だて（構想）が効果的であったことを強調することができます。

これらの抽出児や全体の姿（［発言内容（つぶやき）］や［ノート記述］［活動の様子］）は，「指導の実際」の中で，事実として既に述べているものです。

これらを判断の根拠として引用して記述することになります。

55.「授業分析の細目」を書く際のポイント

　教育論文を書くにあたっては，実証するための授業を行いますが，その授業を行う際に，授業仮説や授業分析の細目を書くことがあります。
　（きちんと文章化しないにしても，念頭に置いておく必要はあります）
　そこで，この項では，授業分析の細目の書き方の一例を説明します。

（1）　授業分析の細目の書き方

> ［細目○］……において[①]，……（手だて，場の工夫）～させた（した）こと[②]は，…………（子どもの姿）[③]上で有効であったか。

　①→破線の部分で，場を限定します。
　②→波線の部分は，投入条件（手だて）に当たる部分です。
　　　単に「…を工夫したことは…」ではなく，何をどのように工夫したのか（内容条件・方法条件）を明記します。［仮説の焦点化］
　③→実線の部分は，期待される結果（目指す子どもの姿）です。
　　　　　　　　　　　　　　　　　　　　　　［仮説の具体化］

　決まった書き方はありませんが，参観者に記録を取ってもらう場合は，参観者が記録しやすいように，（言い換えると，必要なデータが収集できるように）この細目の後に，改行して○を起こし，具体的な観察の観点と方法を記述する書き方があります。
　その際，明確な判断基準がないと，参観者が有効性を判断できない場合は，子どもが，どんなことを書けば（言えば）よいのかを明記します。特に，「こんな場合は，こんなことを聞いてほしい」「ぜひ，こう尋ねてほしい」「この様子（姿）がほしいので，この様子（姿）をぜひ記録しておいてほしい」ということがあれば，明記しておくとよいです。
　また，参観者が，何を見て（聞いて）記録すればよいかがわかるように，「…を見て下さい」「…を記録して下さい」「…と尋ねて下さい」などの言葉を書き込んでおきます。

要は，以下の3つを明確にしておくことが大切です。
　「検証の場面」（どの場面で）
　「分析（検証）の観点・方法」（何をどうやって検証するのか）
　「目指す姿」（子どもの姿の解釈の仕方，判断基準）

（2） 授業分析の細目を記述する際の留意点

次の3点を気をつけておくとよいでしょう。

ア．投入条件（手だて）に関する記述（何をどのように工夫したのか）が不十分なことが多い。
　（例）学習ノートを工夫したことは，……する上で有効であったか。
　　→学習ノートをどう工夫したのかわかりません。
　　　どんな条件の学習ノートなのかを記述する必要があります。
　　　また，「提示資料を工夫したことは……」であれば，
　　　　・どんな内容（条件）の資料なのか→内容条件
　　　　・どのような提示の仕方をするのか→方法条件
　　の両方を明らかにすることが，手だてを明確にする上で大切です。

イ．目指す子どもの姿が十分に具体化されていないことがある。
　（例）…………したことは，生き生きと追究させる上で有効であったか。
　　→「生き生きと追究する」姿が，具体的にどういう姿かわかりません。
　　　「主題の意味」の中で，目指す姿を具体化していますから，それを手がかりにして，具体化することが大切です。
　　　　その際，「○○だったらOK（期待した結果に行き着いている）」という誰が見ても判断できる基準までおろしておくと申し分ありません。

ウ．投入条件（手だて…前頁の②）と，期待される結果（目指す子どもの姿…前頁の③）との関係が不明確なことがある。
　　具体的に言うと，「…A…したことは，…B…（子どもの姿）する上で有効であったか」とは書いてあるが，本当に「A」が効いたから「B」となったのか？が十分に検討されていないことがあります。
　　→中心となる手だての検討は，副主題や研究仮説を設定する時に行っていますが，もう一度見直してみて下さい。

第7章 「指導の実際と考察」の書き方

コラム7　結果として出た数値（数）のとらえ方

　ここでは結果として出た数値（数）のとらえ方について，枡田（1972）による『学校共同研究のすすめ方』から引用をしながら紹介します。

>　「まずはっきりと，次のことを確認しておきたいと思う。一口にいって，『数』を無視するな，そして『数』におぼれるな，ということである。調査や実験の結果の『数』を無視してはならない。それは，一つの事実であるからである。しかし，数で示されるものは，あくまで静的なものなのであって，動く人間関係を正しく捉えるものではない。ここの点は大事であり，ましてや，数的操作することが『研究そのもの』であるかの如き錯覚を持ってはならないのである。」（傍点は原文のまま。下線は筆者による）

　「『数』を無視するな，そして『数』におぼれるな」という言葉を，心に留めておきたいものです。
　特に，数値の解釈はよく吟味することが大切です。同書では，さらに「研究における統計的配慮」として，次のことが述べてありますので，参考にして下さい。（項目と主な内容のみ。傍点は原文のまま）

>①数値の意味を正しく判断すること
>　・週刊誌的統計法にならないように（たして割れば平均が出，パーセントを出せば本当らしくなる）
>　・その数がどうして生まれたのかの研究が欠けないように
>　・拡大解釈にならないように
>　・早合点な判断にならないように
>　「このために，ある数値から直接，ある判断が可能な場合と，数値間の関連を検討しなければならない場合とをはっきりさせることが大切である。さらに，事実発生の前後が，因果関係であるためには，たんに数値間にある関係があるだけでは不可能であることをはっきり知っておきたい」
>②数値を動的に理解すること
>　a，偶然の差を当然と思うな。
>　b，つねに傾向的に把握すること。
>　c，条件との関係―拡大解釈・独断はさけること
>③数的な操作は判断の手段であること―教育観優先の原則
>　a，正しい調査法（など）が行われたか。

第 8 章

「全体考察」「研究のまとめ」の書き方

　「全体考察」と「研究のまとめ」は，最後の仕上げの部分ですので，同じ章の中にまとめています。
　筆者にも経験がありますが，これらの 3 つは，時間に追われていると，つい，雑な記述になってしまいがちです。
　これまでに論述してきた部分や，収集したデータとのつながりを意識しながら記述して下さい。

56. 全体考察で何を書くか
〜実証単元における考察との比較〜

　全体考察で何（どんなこと）を書くかについては，特に決まったものはありませんが，一般的にどんなことを書くかについて，これまで述べてきた実証単元における考察と対比的に整理してみました（表8−1参照）。

表8−1　実践単元における考察と全体考察の比較

	実証単元における考察	全体考察
記述内容	A　その単元の学習指導の中で，目指す姿が具現化できたか。 B　目指す姿を具現化する上で，手だてが有効に働いたか。	A'　（研究に取り組む前と後を比べ）目指す姿に向けて，どのように子どもが変容したか。 B'　目指す姿を具現化する上で，副主題が有効に働いたか。

　このように，実証単元における考察が，その単元の中における子どもの姿をもとにしたものであるのに対して，全体考察では，その研究全体を通した子どもの姿の変容をもとにします。上の表の全体考察の内容について補足をします。
[A'について]
①児童の姿を表すには，「書き手による文章（説明）で」「写真で」「児童の作品で」「グラフで」「図表で」といったさまざまな方法がありますが，変容を表す場合には，グラフや図表を効果的に使うとよいです。
　57項，58項で，グラフや図表を使った全体考察の例を述べています。
②単に，実践前後の"比較"だけでなく，実践1，実践2での姿も含めて，"推移"として変容の様子を表現することもできます。
[B'について]
①研究構想で立てた柱（項目）にそって，考察する方法もあります。例えば，研究構想を3点から立てていれば，その3点について考察を述べる方法です。
②副主題の効果を，子どもへのアンケート（質問紙法）を用いて実証する方法もあります。例えば「○○（副主題と関連した手だて）は，□□（目指す姿）する上で，役に立ちましたか」等の項目で調査をする方法です。

57. 全体考察における効果的な表現例1

主　題：数理を追究する楽しさと充実感を味わう第3学年算数科学習
副主題：自己選択学習を支援するティーム・ティーチングを通して（41項（3）参照）における全体考察から

　図8-1は，折れ線グラフを用いて，実践前後の変容を表した例です。この手法は，抽出児の変容を示す時にも使えます。

　この主題では「数理を追究する楽しさと充実感」を"楽しさの実感""理解の実感""自信の実感"の3点からとらえています。

　図8-1は，このうち"楽しさの実感"についての変容（質問紙法における平均点の比較）を示したものです。

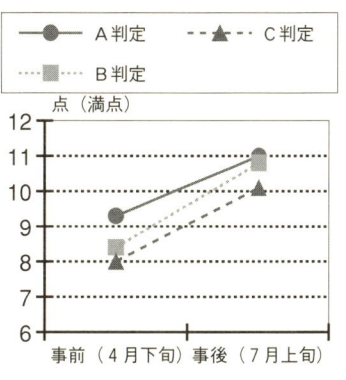

　なお，A，B，C判定は，CRTの数学的な考え方の判定結果です（5項（2）イ参照）。図8-1のように表現すると，単に，全体の平均点が上昇したことだけではなく，下位の子どもも変容したことを表すことができます。

　図8-2は，実践後の子どもの感想文を分析した結果を棒グラフに表した例です。

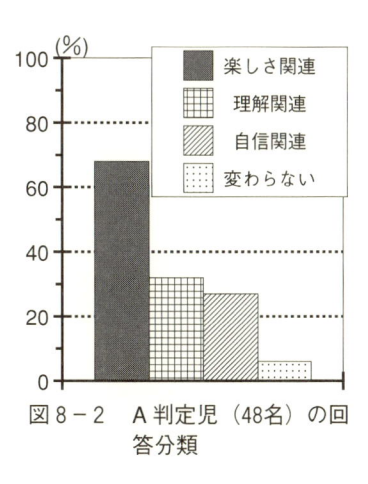

　具体的には，「2年生の時の算数と比べて，3年生の算数で，自分で『かわったな』と思うことを書きましょう」と問いかけ，複数記述を可として記述させています。

　そして，その記述を［楽しさ関連］［理解関連］［自信関連］として集約したものです。

　複数記述可なので，棒グラフで表しました。

図8-1　楽しさの実感に関わる平均点の比較

図8-2　A判定児（48名）の回答分類

第8章 「全体考察」「研究のまとめ」の書き方

58. 全体考察における効果的な表現例2

主　題：問題解決力を養う第3学年社会科導入期における指導法の研究
副主題：生活科との接続・発展を重視した活動構成を通して（35項(1)参照,
単元終了後の考察（一部）は52項参照）における全体考察から

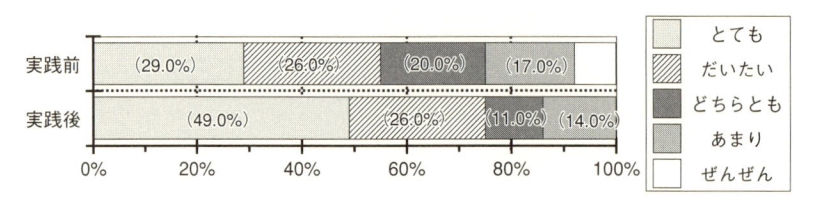

図8-3　問題の発見に関する事前→事後の意識調査結果比較

図8-3は，帯グラフを上下に並べて，実践前後の変容を表した例です。

この主題では，問題解決力の構成要素を"問題の発見""仮説の認識""活動の喚起""活動の実行"の4点からとらえています。この4つのうち"問題の発見"についての変容（質問紙法における平均点の比較）を示したものです。

実践前の平均点は3.49，実践後は4.09なのですが，平均点に加えて，図8-3のような得点の割合を示すと，変容の様子がさらによくわかります。（例えば，実践後では「自分が調べたいことがすぐに思いつきますか」に対して，「ぜんぜん（思いつかない）」と答えた子どもがいないことがわかります）

図8-4は"問題の発見""仮説の認識""活動の喚起""活動の実行"に関するB児の実践前後の変容（質問紙法における回答）を，レーダーチャートで表した例です。

観点が，3つ以上がある場合は，このようなレーダーチャート（観点が3つのときは三角形）を用いると，観点ごとの変容の様子を，一度に表現することができます。

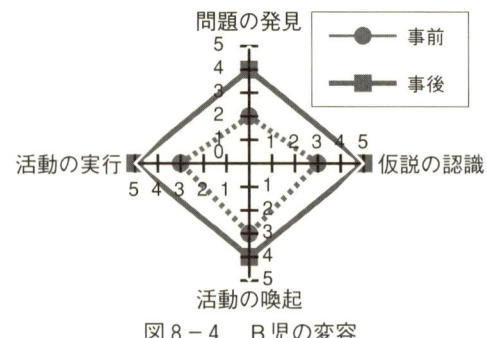

図8-4　B児の変容

59. 手だての有効性が実証できなかったら？
～仮説や構想の修正～

　この項では，目指す子どもを具現化する上での，手だての有効性が実証できなかった場合について述べます（「実証できなかった場合」と言っても，全く実証できなかった場合と，概ねは実証できたが一部できなかった場合などがあります）。

　『学校における教育研究の進め方（群馬県教育研究所連盟編，1981）』には，下のような図が載せられています（図8－5参照）。

```
研究の手だてが子どもの成長に従来よりは効果的に作用したと言えたか。
言えた→ 修正の必要なし …実践の手だての深化を図る。
一部言えなかった→ 必要に応じて修正 ←一部に改善を加える。
言えなかった ┌ 変わらなかった→ ┐ 仮説の  ←変容を促す手だてを探す。
              └ 悪くなった　  → ┘ 修　正  ←根本的に考えなおす。
```

　　　　　　　図8－5　仮説の修正が必要になる場合

　図8－5では，修正する対象として「仮説」が取り上げてありますが，もしかすると，「仮説」の基本的な考え方はよかったが，「研究構想（仮説を実証する方途）」がよくなかったのかもしれません。

　ですから，修正の対象には，「仮説」とともに「研究構想」も含めて下さい。「研究構想」を見直すことが，「仮説」の修正につながるかもしれません。

　手だての有効性が実証できなかった場合は，このように，仮説や研究構想を（必要に応じて）修正することになるわけですが，修正した仮説や構想の論文中での取り扱い方については，次のような方法が考えられます。

ア．実践1の後に，修正した仮説や構想が明らかになった場合は，実践2の記述前に，修正した仮説や構想を示し，それにそって実践2を記述する。
（「実践1→修正した手だて（構想）→実践2」となります。実践を通して，帰納的に結論を導き出す実践論文では，この書き方が考えられます）
イ．「全体考察」や「成果と課題」の中で，仮説や構想の修正の方向性について述べる（"今後の課題" として取り扱う）

第8章 「全体考察」「研究のまとめ」の書き方

60. 説得力のある全体考察～考察の類型化をもとに～

　全体考察では，説得力のある記述をすることが大切です。説得力のある考察とは，読み手に「なるほど，そうだ」「確かにそういえる」と思わせることができる考察といえます。

　そのためには，「判断＋根拠」の「根拠」の部分で，目指す姿が現れていること，目指す姿に向かって変容していることを，より客観的（誰が見てもそう判断できるよう）なデータで示す必要があります。

　しかし，これまで自分が書いてきた論文をふり返ってみると，必ずしも説得力のある考察ばかりではありませんでした。

　そこで，考察の書き方を類型化し，説得力の強弱で段階を示してみることにしました（表 8 - 2 参照）。ア→イ→……と進むにつれ，考察のもつ説得力が強くなると考えています。言い換えると，根拠の客観性が高くなるということです。

　なお，ある程度の根拠の客観性があり，考察としての説得力をもつのは，ウ以降だと考えます。数値化することで，すべてを表すことはできませんし，その数値が，目指す姿に近づいたことを示す上で，必ずしも妥当性をもつとは限りませんが，数値が１つの指標となることは確かだからです。

　数値化するためには，そのための資料（データ）が必要です。ですから，数値化のためには，計画的な資料（データ）収集を行うことが大切です。

表 8 - 2　考察の書き方の類型

ア．感想型考察（単なる感想にとどまっている考察）
イ．描写型考察
（子どもの姿を文字や写真で表した考察。子どもの姿は見える）
ウ．数値型考察（子どもの姿を数値化し，数値を用いて実証した考察）
エ．変容型考察
（実践前・後の姿を数値で比較し，変容の姿を明確にした考察）
オ．検定型考察
（統計的検定を用い，変容［指導の効果］を統計的に検証した考察）

注）「オ」については次項（t 検定については62項）でふれます。

61. 統計的検定を用いた考察
〜実証性をより高めるために〜

田中（1996）は，『実践 心理データ解析』の「統計基礎Q＆A」の中で，「『平均間の差を検定する』とは，どういうことですか」という質問に対して，次のような解答を記しています。

> 平均間の差が偶然生じたかどうかを判定することです。
> 　偶然に生じた差でないと判定されれば，実験によって生じた差であるということになります。つまり実験結果を主張することができます。
> 　その差が偶然に生じた差かそうでないかは，その差がもしも偶然に生じるとしたらどれくらいの確率で生じるかを計算し，判断します。偶然生起確率が5％未満のとき（$p<.05$），その差は偶然に生じたものではないと判断します。このとき「その差は有意である」（有意差）という特別の表現をします。

次項では，統計的検定の中から t 検定を取り上げますが，その前に，測定の際の4つのものさし（尺度）について説明します（表8-3）。

表8-3　4つのものさし（尺度）（岩淵，1997より作成）

名義尺度（例…背番号，品物の品番など）
＊数としてではなく，単なるレッテルや記号としてたまたま数字を用いている。
＊同一のものや同種のものに同じ数値を割り当てる尺度
順序尺度（例…成績順，鉱物の硬度など）
＊各対象に割り当てられた数値が測定値間の大小関係のみを表す場合
＊大小や高低などの順序関係は明らかだが，その差異は表現しない。
間隔尺度（例…温度，標準得点など）
＊順位の概念の他に値の間隔という概念が入ってくる。
＊大小関係が表現できるだけでなく，その差や和にも意味がある。
比率尺度（例…長さ（身長），重さ（体重）など）
＊原点0（ゼロ）が一義的に決まっている。
＊測定値間の倍数関係（比）を問題にすることが可能になる。
＊間隔尺度に原点を加えたもの

岩淵（1997）が次のように述べているように，測定対象に応じたものさしを用いることが大切だからです。

「ものさしを（尺度）を用いて測定する際には，測定対象がどのような特徴をもっているのかによって異なったものさしを使用することになる」

62. t 検定では，どんなことができるか
〜2つの平均点の差の検定〜

　t 検定とは，収集したデータが，間隔尺度，比率尺度の場合に行う検定です。

　筆者は，統計的検定の専門家ではないので，本項では，t 検定について，何をすることかと，その活用例について簡単に紹介するにとどめます。

　t 検定の理論的背景や，詳しい手順や計算式，留意点等については，本項の最後に参考文献を示していますので，それらの書籍を参照して下さい。

(1) t 検定とは何をすることか

> 　t 検定は，2条件の平均の差が偶然の差であるか否かを判定する。偶然の差ではないと判定された場合，その差は有意差と認められる（田中・山際，1989）。

　つまり，検定では「2つの平均値の差の検定」を行います。

(2) 教育論文における t 検定の活用例

［例1］手だてを加えた学級と加えない学級の平均点の差の検定（図8-6）

```
1組…手だてAを加えた学習指導 → 事後テストの平均値 ┐ t検定（手だ
2組…手だてAを加えない学習指導 → 事後テストの平均値 ┘ てAの効果）
　※ このような手法をとる場合，1組（手だてを加える集団）を「実験群」，
　　 2組（手だてを加えない集団）を「統制群」という言い方をします。
```

図8-6　「対応のない t 検定」の例

　この場合，手だてAの有無以外は，同じ条件であることが必要です。

　また，事前テストの結果（図8-6の例では，1組と2組の事前テストの結果に大きな差がないこと）を示すなどして，事前の実態に差がなかったことを述べることも大切です。そうしないと「指導前から学級間に差があったのではないか。手だてAが効いたとはいえないのでは」と思われてしまいます。

　なお，この例では事後テストにしていますが，事後の意識調査（評定尺度法）の平均値の差を検定する方法もあります。

　このように，比較する2つの集団に所属する子どもが異なる場合（別々に独立した場合）の t 検定を「対応のない t 検定」といいます。

t 検定の結果，有意差が認められれば，1組における手だてAの効果が統計的に実証されたことになります。

［例2］同一学級（集団）における事前→事後の意識調査の平均値の差の検定

この例で「事前」と「事後」の事前における意識調査の差を検定する場合のように，同一平均値集団の同じ子どものデータを繰り返し収集する場合の t 検定を「対応のある t 検定」といいます（図8-7参照）。「対応のない t 検定」とは，計算式が異なります。

この場合，転出入や欠席等で，事前，事後のどちらかのデータが欠落している分は，検定の際，除くことになります。

t 検定の結果，有意差が認められれば，事前→事後における意識調査の結果が変容したことが統計的に実証されたことになります。ただし，手だてAの効果でそのようになったのかどうかは，単元の中での考察などをもとにして吟味することが大切です。

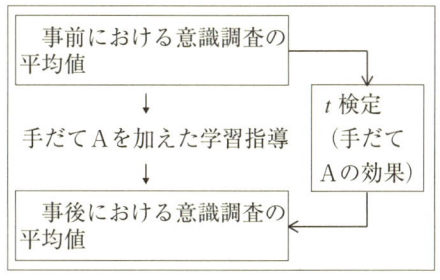

図8-7 「対応のある t 検定」の例

※5項の田中と山際（1989）の説明で紹介したように，評定尺度は，厳密に言えば必ずしも等間隔とはいえず，平均値を計算することはできません。しかし，等間隔（間隔尺度）とみなして平均値を計算し，t 検定を行うこともあります。

［筆者が勧める参考文献］

遠藤健治　1998　Excelで学ぶ教育・心理統計法　北樹出版

岩淵千明（編著）　1997　あなたにもできるデータの処理と解析　福村出版

森　敏昭・吉田寿夫（編著）　1990　心理学のためのデータ解析テクニカルブック　北大路書房

田中　敏　1996　実践　心理データ解析　新曜社

田中　敏・山際勇一郎　1989新訂　ユーザーのための教育・心理統計と実験計画法　教育出版

寺田　晃・片岡　彰（編）　1994　教育心理学統計・調査・実験　中央法規

63.「研究の成果」をまとめるポイント
〜目的と手だてを意識して〜

「研究の成果」では，研究主題（目指す子どもの姿）を具現化する上で，どんな手だてが有効（効果的）であることがわかったかについて述べます。

その際，手だて（指導の立場）にあたるものは，研究構想の中で述べていますから，研究の成果は，研究構想の柱立てにそって述べるのが一般的です。

つまり，研究構想が3点から述べられていたら，研究の成果も，この3点から述べることが多いです。基本的な表現の仕方としては，次の2つがあります。

> A ［目的→手だて型］（○の部分が目的，□の部分が手だてを表します）
>   例「○○○○○○○○上で，□□□□□□□□は有効であった」
>   ［目的（目指す姿）］ ──→ ［手だて（構想）］
> B ［手だて→目的型］（□の部分が手だて，○の部分が目的を表します）
>   例「□□□□□□□ことは，○○○○○○○○上で有効であった」
>   ［手だて（構想）］ ──→ ［目的（目指す姿）］

以下，それぞれの書き方の例をいくつか紹介しますので，参考にして下さい。**太字の部分はコメントです。**

A ［目的→手だて型］
・ <u>……の面では</u>，○○するために，□□したことが有効であった。
   下線部で，研究構想の柱立ての内容を表現します。
・ ○○を育てるためには，□□が効果的であることが明らかになった。
   このように「〜が明らかになった」という書き方もよく使われます。
・ ○○のあり方として，次のことが大切であることが明らかになった。
   　・……ように，……し，……を行うこと。
   　・……の場では……させること。
   1つの柱について明らかになったことが2つ以上ある場合は，箇条書きをするとわかりやすくなります。

63.「研究の成果」をまとめるポイント

B ［手だて→目的型］
- ……の面からは，□□したことは，子どもが○○していく上で有効であった。
  　特に，□□したことは，○○につながり，○○に結びついたと考える。
  　注目すべき点を「特に…」以下で取り上げて記述しています。
- □□を行った結果，子どもたちは○○ができ，○○が伸長した。
  　下線部で，手だての効果について，簡単に説明を加えます。

　また，始めに研究構想全体の有効性について述べ，その後に，個々の研究構想の柱立てにそって，明らかになったことを述べていく書き方もあります。
　具体例を下に紹介します。研究主題「数理を追究する楽しさと充実感を味わう第3学年算数科学習～自己選択学習を支援するティーム・ティーチングを通して」における研究の成果の記述です。

> 　数理の生成発展の過程，「基礎→発展→統合」の3段階に基づいて学習単元を構成し，学習の目的に応じた自己選択の場とそれを支援するT．Tを位置づけた1時間の学習過程を学習単元の中に組み込んで指導を積み上げることによって，子どもたちは，数理を追究する楽しさと充実感を味わうことができることが明らかになった。
> 　**下線部で研究構想の2点を，波線部で目指す姿を表現しています。**
>
> ○学習単元構成の面では，数理性に着目し，数理を子どもが活動を通してつくり出す立場から，単元内の系統性を見直すことが大切である。
> 　**構想の1点目について，研究を通してわかったことを記述しています。**
>
> ○自己選択の場とそれを支援するT．Tを位置づけた学習過程については，自己活動性・自己選択性に着目し，課題解決を目的として展開時に位置づけるタイプと，習熟・定着を目的として終末時に位置づけるタイプを設定して，学習単元に組み込むことが有効である。
> 　**構想の2点目について，明らかになったことを具体的に記述しています。**

64.「今後の課題」をまとめるポイント～問題点型と発展型～

どのような観点から，課題を見つけ，記述すればよいでしょうか。
それには，大きく次の2点が考えられます。

| A［問題点型］実践の中で不十分だった点を問題点として取り出して，課題につなぐ。
| B［発 展 型］概ねうまくいったが，さらに（より）高めたい点，工夫したい点を課題として取り上げる。

Aの［問題点型］で記述する場合にありがちなことは「その問題点→課題が，どこから出てきたのかわからない」ことです。言い換えると「その問題点→課題が唐突に出てくる」ということです。これを避けるためには，実証単元での考察や全体考察で，不十分だった点をきちんと記述しておき，その部分を「今後の課題」で問題点として引っ張ってくることが必要です。

また，Aの［問題点型］の場合は，研究を通して明らかになった問題点とともに，今後の方向性を記述することが大切です。これについては，次ページの書き方の例で説明します。

行った研究に対する「今後の課題」ということで考えれば，本来，Aの問題点型で記述することが望ましいでしょう。しかし，さらに（より）高めたい，工夫したいという点も出てくるものです。その時に，Bの［発展型］で記述することになります。よって，Bの［発展型］で記述する際のキーワードは「さらに～」「より～」等になります。

例えば，次のような内容が考えられます。
○主題の具現化の面から，さらに（より）子どもの姿を高めたい旨を書く。
○副主題（手だて）の有効性の面から，さらに（より）効果的な手だてのあり方を探りたい旨を書く。
○さらに単元や対象学年を変えて（広げて）一般化を図りたい旨を書く。

以下，それぞれの書き方の例をいくつか紹介しますので，参考にして下さい。
太字の部分は，コメントです。

64.「今後の課題」をまとめるポイント

A [問題点型]（問題点→今後の方向性）

- ……の面からは，……の際，……あった。（問題点）

  ……際には，……し，…していく必要があると考える。（今後の方向性）

- ……では，……と考えたが，……できなかった面があった。（問題点）

  今後は，……のあり方をさらに探っていきたい。

  具体的には…………。（今後の方向性）

  このように，方向性をできるだけ具体的に書くとよいです。

- ……のあり方については，……であった（問題点）ので，次のような点を考慮していく必要があると考える。（以下，今後の方向性）
  - ……ための……の吟味
  - ……させるための手だての工夫

  このように，方向性を箇条書きする書き方もあります。

- <u>……ことは達成できたが</u>，……で不十分な面が見られた。（問題点）

  今後は……を見直し，さらに……を進めるとともに，……も考えていきたい。（今後の方向性）

  下線部のように，達成できた点をあげながら，問題点を記述する書き方もあります。

B [発展型]

- 本研究で指導の中核とした……は………であった。今後は，<u>もっと………ような有効な手だての開発</u>を図りたい。

  さらなる手だての開発，改善の面から書かれています。

- 本研究で取り組んだ………を，……な単元の学習指導でも実証を試み，<u>……するための……の一般化</u>を図っていきたい。

  研究の中心的な手だて（サブ・テーマ）の一般化の面から書かれています。

　なお，課題も，研究構想の柱立てにそって述べるのが一般的ですが，例えば研究構想が3点から述べられているかといって，必ずしも課題を3点から述べる必要はありません。構想の柱立ての数より少なくもいいです。

　研究の成果で記述した項目の数より，課題の項目の数が多くなることは避ける方がよいでしょう。

65. 論文の要旨をまとめるポイント～構想までを簡潔に～

　教育論文の提出の際に,「要旨」をつけることが義務づけられている場合があります（字数の規定はさまざまですが,規定を厳守する必要があります）。

　どこまでをまとめて書くかについては,いろいろな考え方がありますが,筆者が教わった書き方は"研究構想までをまとめればよい"というものでした。

　この項ではそれに基づいた基本パターンを示しますので,参考にして下さい。

（1）「要旨」の基本パターン

①問題意識［児童の実態や指導上の悩み（設定理由）を記述します］

　例：日頃の私の○○科学習指導における悩みは,…………であった。このことが,本研究に対する問題意識であった。

②主題の設定［①の問題意識に関する記述から,主題の設定につなぎます］

　例：このことを打開するために,児童が……できるようにしたいと考え,本研究主題「○○○」を設定したのである。

※②（主題の設定）→①（問題意識：設定理由）という流れもあります。

③主題の意味［目指す姿について具体的に記述します。箇条書きも可です］

　例：具体的には,児童が,………する○○科学習指導を目指した。

④研究構想［主題に迫るための手段として位置づけて,記述します］

　例：それに迫るために,本研究では,次の○点に着目して実践を行った。

　　（以下,研究構想を箇条書きし,説明を加えます）

⑤結び［下の例のような文を用いて,まとめとします］

　例：このような実践を通して,テーマに迫る適切な□□の□□方と△△の△△方が明確になってきたと考える。

　　（この例の場合,研究構想が2つあったので,「□□の□□方と△△の△△方の部分に,研究構想を短くまとめた言葉が入ることになります）

　字数によっては,成果と課題の具体的な内容も書けるでしょうが,1200字程度であれば,上の①～⑤で内容的・字数的にも十分だと思います。「要旨」は,論文のダイジェスト版ですから,的確にまとめたいものです。

コラム8　科学論文と実践論文

　教育論文は，科学論文，実践論文という2つのカテゴリーでとらえられることがあります（どこから書き始めるかということとは別です。項立ての仕方・順序の問題です）。この2つには，どのような違いがあるのでしょうか。

　科学論文とは，基本的に，仮説を設定した後，実践を通して仮説を確かめていく筋道で記述されます。ですから「仮説実証型」の論構成になります。

　つまり，実践は，仮説を証明するための証拠集めの意味あいがあります。

　したがって，実践事例は，1つよりも複数の方が仮説の実証性が高くなる（仮説を実証する証拠がたくさんある）ということがいえます。

　これに対して，実践論文では，はっきりと「仮説（〜すれば〜なるだろう）」を示さずに（当然，研究の見通しはありますが），実践上の問題点を解決するための取り組みを行い，その結果，「こんな手だてをとればいいことがわかった」という結果が導き出されます。いわば，実践を通して結論をつくり出していく「結論構築型」といえます。

　したがって，実践を行いながら，手だて（研究構想）が，付加されたり，修正されたりして，次の実践が行われることもあります。実践論文の場合も，事例は複数の方が，手だて（構想）の一般性が高まり，説得力が増します。

　本書は，仮説実証型の科学論文を想定して書いていますが，論述の仕方については，実践論文でも活用できる部分が多いのではないかと考えています。

　さて，西田（1986）は『学校現場における実証的な教育研究の進め方と論文の書き方』の中で，実践報告について，次のように述べています。

> 「実践（的）研究（筆者注：この実践（的）研究は実践論文と同義でとらえられます）に似て非なるものに実践報告というのがある。実践報告は『……しました』という形で終わり，普遍性を追求する形にならないのが普通である。現在の学校現場で公表されている研究論文や実践研究のまとめの中には『こうしました，ああしました』という実践報告に似たものが多くみられる。」

　教育論文を書く際には，"実践報告"にならないよう，科学論文スタイルで書くか，実践論文スタイルで書くかの立場をはっきりさせたいものです。

[引用文献]

群馬県教育研究所連盟（細谷 善男）（編著） 1981 学校における教育研究のすすめ方 東洋館出版社

群馬県教育研究所連盟（岩井 栄寿）（編著） 1994 実践的研究のすすめ方 ―新しい教育の創造― 東洋館出版社

群馬県教育研究所連盟（編著） 2001 改訂新版 実践的研究のすすめ方 ―創意工夫を生かした教育を求めて― 東洋館出版社

波多野誼余夫・稲垣佳代子 1981 無気力の心理学 中央公論社

堀野 緑 1998 量的資料収集のための質問紙の作成 鎌原雅彦・宮下一博・大野木裕明・中澤 潤（編著）心理学マニュアル 質問紙法 北大路書房 Pp.78-86

福岡県教育研究所連盟（編著） 1980 校内研究のすすめ方 第一法規出版社

福岡県教育研究所連盟（編著） 1981 教育研究のすすめ方・論文のまとめ方 第一法規出版社

岩淵千明 1997 データとデータ処理 岩淵千明（編著） あなたにもできるデータの処理と解析 福村出版

河口俊彦 1996 将棋界奇々怪々 日本放送出版協会

桝田 登 1972 学校共同研究のすすめ方 国土社

宮田忠雄 2001 8月に福岡教育大学附属久留米小学校で行われた研修会（「校内研究の進め方」）における宮田の講話をもとに作成

宗像誠也 1950 教育研究法 河出書房

西田雄行 1986 学校現場における実証的な教育研究の進め方と論文の書き方 東洋館出版社

野口悠紀雄 2002 「超」文章法 中央公論新社

妹尾堅一郎 1996 社会人大学院入試で合否の鍵を握る「研究計画書」作成の重要ポイント 5 Executive 第33巻9号 ダイヤモンド社

吉永裕子 1988 無気力をつくらないために 高野 清純（編著） 無気力 ―原因とその克服― 教育出版

田中 敏 1996 実践 心理データ解析―問題の発想 データ処理 論文の作成― 新曜社

田中 敏・山際勇一郎 1989 新訂 ユーザーのための教育・心理統計と実験計画法 教育出版

千葉大学教育学部附属小学校 1975 全教科事例 現場における教育研究法 ―創造性追求7年研究のあゆみ― 新光閣書店

山内史朗 2001 ぎりぎり合格への論文マニュアル 平凡社

■ 索引 ■

●い
一貫性　3
引用　38, 50, 52
●か
概念規定　33, 35
科学論文　119
学習形態　69
過去の研究　48
仮説実証型　119
仮説の機能　57
仮説モデル　57, 58
仮説や構想の修正　109
価値　40
価値づけ　38
活動構成　68
間隔尺度　10, 111, 112
関係　40
観察法　80
●き
キーワード化　33
教科の特質　22
教材化　70
教材開発　70
強制選択法　8
●く
具体化　24, 58, 102
●け
結論構築型　119
研究仮説　40, 57, 58
研究構想　59, 64
研究構想図　78
研究主題　18
研究の成果　114
研究の積みあげ　48
研究の目的　56

研究目標　56
検証計画　80
検証の視点　80
検証(の)方法　57, 80
限定回答法　8
●こ
考察　95, 96, 98, 100
考察の類型化　110
向上的変容　3
構成要素　64
子どもの反応　90
根拠　95, 96, 99, 100
今後の課題　116
●さ
細分化　28, 30, 32, 37, 38
●し
自己評価表　12, 13
実践意味づけ型　14, 15, 20, 76, 80
実践報告　119
実践論文　119
実態調査　4, 5, 11, 32, 46
実態調査項目　6, 7
実態把握　4
質問紙法　6, 80, 106
指導の実際　90
児童の実態　44-46
自由記述法　8
授業分析の細目　102
主題設定の理由　44
主題との関連　23, 50, 52
主題の意味　26, 28, 36, 59
順位尺度　10
順位法　8
順序尺度　111
焦点化　20, 24, 32, 37, 90, 102

121

索引

●す
図式化　34
●せ
設定尺度　113
説得力　39
先行研究の分析　48
全体考察　106
●た
縦に割る　28, 29, 31
単一回答法　8
単元指導構想　86
単元目標　84
●ち
抽出児　93, 101
●て
t検定　112
データ収集　12
●と
統計的検定　111
投入条件　56, 102, 103
独創性　42
●な
内容　18, 40, 56
内容条件　69, 103
●は
判断　95, 96, 99, 100
判断基準　82, 102
●ひ
評価基準　26, 37
評定尺度　8

評定尺度得点　10, 11
評定法　8, 10
比率尺度　111, 112
●ふ
副主題（サブ・テーマ）　23, 40
複数回答法　8
●ほ
方法　18, 56
方法条件　69, 103
●め
名義尺度　111
●も
目的　18, 56
目標設定　70
問題意識　4, 5, 16, 118
●ゆ
有意差　111
有効性　102
●よ
よい教育論文　2, 3
要旨　118
横に割る　28-30
●り
理論先行型　14, 15
●る
類型化　76
●れ
レーダーチャート　108
●ろ
論理性　3

おわりに

　筆者が以前勤務していた小学校（福岡県春日市立春日小）の元校長　西山一久先生は，"論文を書くことの難しさ"として，次の４つを特にあげられ，「これらの難しさは書いた人しかわからない難しさ」と述べられています。

> ①自分が何を主張しようとしているのか，はっきりさせることの難しさ
> ②主張したいことを言うために，どんな論構成をして論文をまとめていくかの難しさ
> ③主張したいことを実践事例と結びつけることの難しさ
> ④文章を書くことの難しさ

　読者の皆さんが，これらの難しさを克服する上で，また，論文を執筆する上で，少しでも「役に立った」「参考になった」と思われましたら，筆者にとりまして，これ以上の喜びはありません。もちろん，不十分な点も多々あると思います。それらの点は，御指摘，御批正いただきますと幸いです。

　本書では，教育論文の具体的内容や作成途中の内容を，多数引用させていただきました。論文タイトルとお名前を以下に記して，引用をさせていただいたお礼を申し上げます。（在籍校，姓名は，論文応募当時のままです）

平成６年度　福岡県筑紫地区教育論文
　豊かな文章表現力を育てる第３学年国語科学習指導
　　～合科的視点を取り入れた体験的取材活動を通して～
　　　　　　　　　　　　　　福岡県春日市立春日東小学校　森　恵以子教諭

平成14年度　福岡県筑紫地区教育論文
　道徳的価値を深める道徳学習指導
　　～家庭との連携による「心のノート」の活用を通して～
　　　　　　　　　　　　　　福岡県春日市立春日小学校　伊藤　満美教諭

おわりに

本と豊かにかかわる子どもを育てる国語科学習指導
〜「多読→交流」を位置づけた発展学習を通して〜
　　　　　　　　　　　　福岡県春日市立春日小学校　金子　真由美教諭

平成15年度　福岡県筑紫地区教育論文
　A児の言語生活を豊かにする国語科学習指導
　〜「かるた遊び」と「絵とひらがなのマッチング」を中心とした指導の積み上げを通して〜
　　　　　　　　　　　　福岡県春日市立春日小学校　伊藤　満美教諭

子ども自らが達成感を味わう体育科学習
〜自己評価を取り入れた「試技（試合）→練習→試技（試合）」のサイクルを通して〜
　　　　　　　　　　　　福岡県春日市立春日小学校　樋口　恭裕教諭

実生活とのかかわりを深める社会科学習
〜4つの体験を重視した「課題把握→追究Ⅰ・Ⅱ→発展」を通して〜
　　　　　　　　　　　　福岡県春日市立春日小学校　山口　智子教諭

（その他，本書中の論文の具体的内容で特に注記のないものは，筆者自身が書いた教育論文から引用したものです）

本書は，家族の協力なくしてはできあがることはありませんでした。
妻の利恵，娘の真可に，とても感謝しています。

本書の出版にあたりましては，北大路書房編集部の薄木敏之氏に，大変お世話になりました。ありがとうございました。心よりお礼を申し上げます。

　　　　　　　　　　　　　　　　　　平成17年5月　　野田　敏孝

【著者紹介】
野田敏孝（のだ・としたか）
1960年　福岡県に生まれる
1984年　福岡教育大学　小学校教員養成課程社会科卒業
1999年　福岡教育大学大学院　教育学研究科学校教育専攻修了
　　　　（1997～1998年度　国内留学等長期派遣研修員として，福岡教育大学大学院で長期研修）
2020年度末をもって，福岡県太宰府市立太宰府南小学校　校長を定年退職
現　在　私立麻生学園小学校　常勤講師
著　書　歴史を見る目を育てる人物学習（共著）　第一法規出版　1991年
　　　　授業技術の開発と使い方のアイデア（共著）　明治図書　1995年
　　　　指導教員のための初任者研修ガイドブック（単著）　北大路書房　2011年

初めての教育論文
現場教師が研究論文を書くための65のポイント

2005年7月10日　初版第1刷発行
2023年4月20日　初版第12刷発行

＊定価はカバーに表示してあります。

著　者　野田敏孝
発行所　㈱北大路書房
〒603-8303　京都市北区紫野十二坊町12-8
電　話　（075）431-0361㈹
FAX　（075）431-9393
振　替　01050-4-2083

印刷・製本／亜細亜印刷㈱

ⓒ 2005
検印省略　乱丁・落丁本はお取り替えいたします。
ISBN978-4-7628-2440-1　　Printed in Japan

・JCOPY〈㈳出版者著作権管理機構　委託出版物〉
本書の無断複写は著作権法上での例外を除き禁じられています。複写される場合は，そのつど事前に，㈳出版者著作権管理機構（電話 03-5244-5088, FAX 03-5244-5089, e-mail: info@jcopy.or.jp）の許諾を得てください。